自分をサクサク動かす
セルフマネジメント

川嵜 昌子
Masako Kawasaki

自己管理がもっとも重要なスキルになってきた！

総合科学出版

はじめに

――自分をサクサク動かす「セルフマネジメント」のコツ

自分を動かすのもなかなか難しい

コロナで、在宅で仕事をする人が増えています。

通勤の労力がかからず、リラックスして仕事ができそうですが、出社することで切り替えていた「オン（仕事モード）」「オフ（プライベートモード）」が曖昧（あいまい）になり、やりにくいという人も少なからずいます。

フリーランサーや個人事業主として家で仕事をしている人のなかには、コロナの前から、「家ではなかなかやる気になれず、仕事がしにくい」と言っている人もいました。

そのため「締め切りが迫った仕事やどうしてもやらなければならない事務作業は、コワーキングスペースなど外でするようにしている」と言います。

在宅で仕事をするかどうかに関わらず、自分で自分を管理するセルフマネジメントの必要性を感じている人は少なくありません。人を動かすのも簡単ではないですが、自分を動かすのもなかなか難しいものです。

「もう少し自分が努力家だったら」「ゲームばかりせず、やるべきことをやればいいんだろうけど……」などと言っている人はたくさんいます。

セルフマネジメントはアリのすすめ？

「セルフマネジメントは、必要だけど難しい」と感じている人は多いでしょう。

セルフマネジメントのイメージとしては、自分を律する、怠け心に打ち克つ、楽な方向に流されない、楽しいことを我慢する、努力する。とくに、先のことを考えて地道にコツコツ頑張るという感じではないでしょうか。

イソップ寓話の「アリとキリギリス」のアリをイメージするかもしれません。

夏、キリギリスがヴァイオリンを弾き、歌を歌っているあいだに、アリは冬の食べ物を蓄えるためにせっせと働き続けます。

冬、キリギリスは食べ物を探せず、アリが食べ物を分けてくれなかったため、飢え死にします。それでは可哀相だということで、アリから食べ物をもらい、心を入れ替えて働くという話や、お礼にヴァイオリンを弾くという話もあります。

いずれにせよ、夏（よいとき、若いとき）に、先のことを考えず遊んでいると、冬（よくないとき、歳をとってから）、大変なことになるという教訓が感じられます。

この教訓自体は、大切なことかもしれませんが、自分を律するセルフマネジメントのイメージは、楽しくなさそう、大変そうな感じです。

しかし、セルフマネジメントは、アリになることではありません。少なくとも、この本では、アリになることをすすめてはいません。

アリ的な行動は必要ですが、キリギリスの気持ち、夏、ヴァイオリンを弾き、歌を歌う、楽しい気持ちのほうが、セルフマネジメントではうまくいくと考えています。

「心」のモニタリングでニュートラルになる

この本の前半では、基本的には怠け者である人間が、どうすれば動くのかについて書いています。

- 怠け者であることを前提にしたセルフマネジメントのやり方
- 怠け者なのにゲームにハマる理由やタスクへの活用法
- 締め切り厳守の雑誌の現場でのタイムマネジメント法

について説明しています。

また、後半では、「心」にスポットを当てています。

コロナで、突然世界中の環境が大きく変わり、人々の仕事や生活へもさまざまな影響が及んでいます。

「コロナうつ」という言葉もありますが、ネガティブな気持ちになることもあるでしょう。

このようなご時世、不安になったり、疑問を感じたり、イライラしたり、自信を失ったりしがちです。

喜怒哀楽の感情は、自然に発生しますが、それらの感情にどう向き合い、どう解釈し、どういう行動をとるのか。

◆自分の「心」をモニタリングして、マネジメントする方法
◆「怒り」の気持ちをマネジメントする方法
◆平常心を保ち、自分らしくある方法

をまとめています。

どのような状況下でも、なるべく心を安定させ、平常心でいられるためのヒントがきっと得られるはずです。

川嵜　昌子

2021年　9月

自分をサクサク動かすセルフマネジメント◎目　次

Part 1
怠け心は想定範囲内

Part 2

タスクをゲーム化しよう

Part 3

タイムマネジメントのコツ

Part 4

心をマネジメントしよう

Part 5

怒りをマネジメントしよう

Part 6
何が起きても自分らしくあろう

PART 1

怠け心は想定範囲内

人は基本的に怠け者

人は余計なことをしたくない生き物

人は基本的に怠け者。言い換えれば、余計なことをして、無駄にエネルギーを使いたくない生き物です。その理由として、次のようなことが言われています。

- 脳の仕組み
- 心理的ホメオスタシス
- 慣性の法則

脳の仕組みは、脳に負担をかけないよう、なるべく余計なことはさせないようにしているというものです。

ホメオスタシスは、体が一定の状態を保とうとする調整機能で、たとえば、気温と関係なく体温を一定に保ったりするものです。心理的という場合は、心がこれまでの環境、生活習慣を維持しようとする働きを指します。

慣性の法則は、「止まっている物体に外から力を加えないと物体は止まったままである」「動き続けている物体に外から力を加えないと物体は動き続けている」という物理の法則です。物体に関する法則ですが、人も同様であり、新たに動き出すのにはエネルギーが要り、逆に、続けていることがもしよくない習慣であったとしてもやめるのは難しいというふうに解釈されたりしています。

すなわち、人は基本的には、余計なことをしたくない生き物であり、変化を嫌い、習慣になっていないことはやりたくないというわけです。

人の歴史は飢餓との戦いでもあり、効率のよかった人たちだけが生き延びています。その子孫である私たちが、無駄を避けようとするのは、当然かもしれません。

怠け者が動く2つの理由

この怠け者たちが、習慣になっていないことで、わざわざ新たに動くのは、次の2つの場合、すなわち「快楽」が得られそうな場合か「苦痛」を避けようとする場合とも言われます。

　マズローの欲求階層説で説明すると、「生理的欲求」「安全の欲求」「所属と愛の欲求」「承認欲求」「自己実現欲求」のどれかが満たされて「快楽」を得られそうか、逆に、脅かされて「苦痛」につながることを避ける場合となります。

　それ以外のとくにメリット（快楽）もデメリット（苦痛）もなさそうなことには、エネルギーを使いたくないということです。

　アリとキリギリスの話でも、アリは冬になって食べ物がなくなり飢え死にしてしまうという「苦痛」を避けようとしたとも言えます。キリギリスは、「冬もきっと食べ物はあるだろう」と楽観的に捉え、目の前の「快楽」を優先したとも解釈できます。

　多くの人には、目先の「楽」を優先して、先のリスクはあまり考えたがらない傾向もあり、それで失敗もするので、このような物語として教訓になっているのでしょう。

マズローの欲求階層説

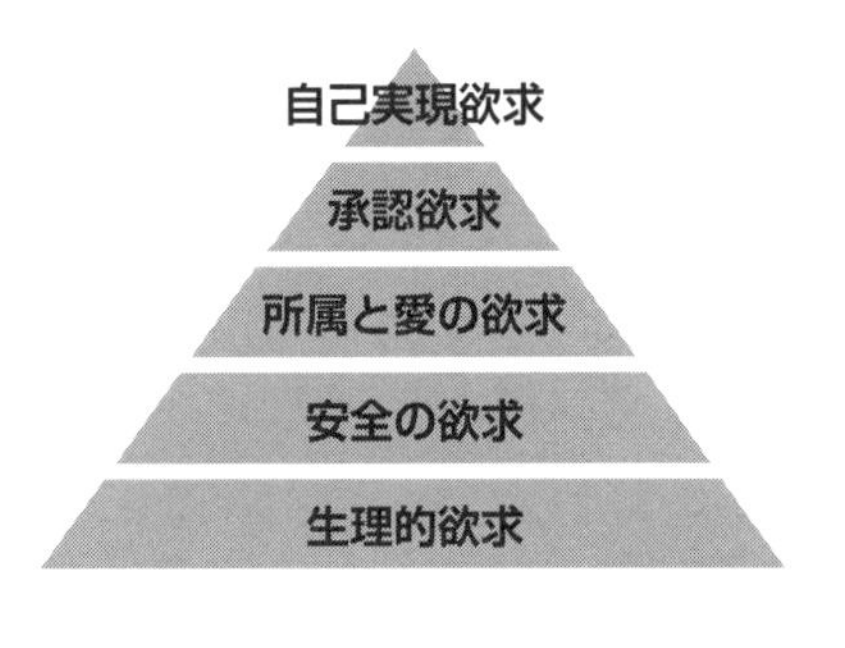

目先のことに負けてしまう

いずれにせよ、基本的に人は怠け者だということを前提にしたほうが、セルフマネジメントはうまくいきます。努力を要する目標は、相応のメリット（快楽）かデメリット（苦痛）がなければ着手・継続はしません。

この場合、本当は将来的にメリットかデメリットがあるので、その目標を立てているはずですが、目先のデメリット・メリットに負けてしまいがちです。目先のデメリットは、着手・継続して努力するのは疲れるということであり、目先のメリットは、余計なエネルギーを使わないほうが楽でいいということです。

着手・継続を促すためには、目先のメリットも考えたほうがよいでしょう。あるいは、どうにかして習慣化してしまうしかありません。

怠け心を想定範囲内として考え、できるかぎり手を打つことで、目標が絵に描いた餅（もち）にならずに済みます。

いかに楽をするか考えよう

努力はしない方向で

人は基本的に怠け者であり、努力を嫌います。努力は、文字通り、休んだり怠けたりせず、力をこめて行なうことなので、エネルギーを使い、疲れます。

そのため、何かの目標を設定するとき、それを達成するための戦略として、「なるべく努力をせずに達成する方法」「楽をして達成する方法」を考えたほうがよいでしょう。

私たちは、ずっとこの逆、「とにかく努力せよ」「努力をしないと目標は達成できない」ということを言われ続けてきたので、多少違和感があるかもしれませんが、先に書いたように、たいした「快楽」も「苦痛」も伴わない努力は、なかなか始めようとはせず、続けるのも難しいということです。

行動抵抗性が低いことが大事

セルフコントロールに関する研究で、「セルフコントロールのレベルが高い人ほど抵抗のレベルが低く、その結果、目標に向けられた行動の頻度や量と関連している」という結果が出ています。

この抵抗というのは、「行動抵抗(Behavioral Resistance)」というもので、論文では「目標を達成するために行なわなければならない行動を不快に感じ、抵抗感を感じる程度」と定義づけています。平たく言うと、何かを「やりたくない」という気持ちです。

セルフコントロール能力が高い人ほど抵抗のレベルが低い、つまり目標のための行動をやりたくない度合い（行動抵抗性）が低い結果、行動の頻度や量が高くなっているということを言っています。

まあ、やりたくない度合いが高ければ、やる回数も、量も少なくなるでしょうし、別にやりたくないと思わなければやるだろうということです。

論文には「彼ら（セルフコントロール能力の高い人）は、文句を言わずに週に数回ジムに通う」というようなことが書いてありますが、それは、彼らが嫌なことを頑張る努力の人だからではなく、ジムに通うことを苦痛に思っていないからだということです。

目標を意識する

ここで、「怠ける」「楽をする」「努力をしない」ことが、目標達成のために何もしないことではないのがポイントです。

あくまでも目標を達成することが目的で、そのために「なるべく努力をせずに達成する方法」「楽をして達成する方法」を考えるということです。

この場合、他の人はどうでもよく、自分にとって「楽な方法」「努力を要しない方法」「やりやすい方法」を探すことが大切です。

今日しないことは明日もしない法則

面倒だと感じることはいつまでもしない

「本当はやったほうがいい」と心の中で思っていても、つい先送りにしてしまうという人は少なくないと思います。

とくに、重要度は高いけれども、緊急度が低い、『7つの習慣』（キングベアー出版）の本でいうところの「第2領域」は、後回しにしがちでしょう（次ページの図参照）。ここには、将来に備えた準備などが入ります。

先送りしても問題ないことは、そもそもやらなくてもいいこととも言えますが、アリとキリギリスの話のように、夏に備える活動を行なわなかったことで冬に大変になったり、備えておいたほうがベターだったりすることもあります。

心の中で「本当はやったほうがいい」と思っているのですから、何らかの重要性を感じていることは確かでしょう。

しかし、人は怠け者なので、「だって面倒だから」とやらないわけです。「今日やらなくてもいいこと」をわざわざやるのは、行動抵抗性が高いのです。

そこで、「明日から」「来週から」「来月から」「来年から」、あるいは、「〇〇が終わったら」「一区切りついたら」などと先送りしますが、着手しないまま、時間が過ぎてしまいます。

結局、今日しないことは明日もしないし、いつまでもしません。

時間管理のマトリクス

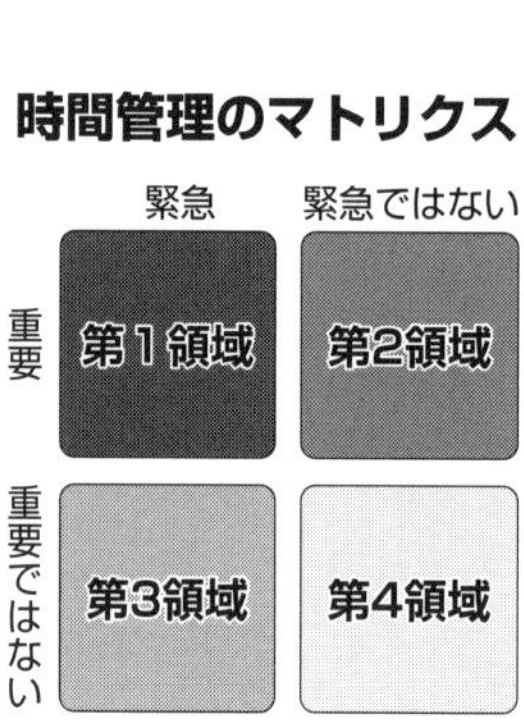

	緊急	緊急ではない
重要	第1領域	第2領域
重要ではない	第3領域	第4領域

「楽をする」視点に切り替える

そこで、「今日」「今」「すぐ」何らかの形で着手したほうがよいでしょう。

具体的に何をするか決まっておらず、着手しづらいということもあるかもしれませんが、その場合は、まずは情報収集に着手しましょう。

いずれにしても、なるべく「楽な方法」「努力を要しない方法」「やりやすい方法」を考えましょう。


行動抵抗性を下げることは、自分を動かすことにおいてかなり重要です。

人の歴史は、自分たちを「楽にする」歴史でもあります。

歩かなくても遠くまで行けるように、荷物も運べるように、乗り物が開発され、生活や仕事が楽になるよう、さまざまな道具・機械が登場し、便利な仕組みが生まれてきています。

行動抵抗性が高いことは、たとえると、「重い荷物を担いで、長距離を頑張って歩く」ことかもしれません。

「乗り物で移動する」という、自分の活動を「楽にする」視点に切り替え、今すぐ動くほうがベターでしょう。

溜まるとより面倒になる法則

後回しにした結果……

後回しにして着手しなくても、そこまで困らないこと、やらなくても済むことはまだよいのですが、困ること、どうしてもやらざるを得ないこともあります。

子どもの頃、夏休みの宿題や課題を後回しにしているうちに、休みはもうあと数日となり、暗い気持ちになった人もいるでしょう。

大人でも、締め切り間際にならないと仕事を始めず、逃げ出したい気持ちになる人や、フリーランサーで、毎年、確定申告の時期になって領収書を探し出し、悲しい気持ちになる人も少なくありません。

洗い物や片付け、掃除などもそうですが、溜まると面倒になります。

少ない量ならたいした時間・労力はかからなくても、量が多くなると時間も労力もかかります。行動抵抗性は、高くなる一方です。

言うまでもなく、溜めるとより面倒になることは、溜めないようにする必要があります。

先延ばし行動に関する研究

洗い物にしても、確定申告の準備にしても、やり方が分からなく着手しづらいわけでもなく、少量であれば、行動抵抗性がそこまで高くないはずですが、それでも後回しにするのはどうしてか。

「喉元過ぎれば熱さを忘れる」という言葉のように、後回しにした結果の暗い気持ち、逃げ出したい気持ち、悲しい気持ちはすぐに忘れて、「だって面倒だから」という気持ちが打ち勝つからです。

「先延ばし行動」に関して、じつはさまざまな研究が行なわれています。

研究によれば、先延ばしにすることにより、心理的、身体的、および学業成績、キャリアに対しても悪影響があるのは確かなため、先延ばしを防止するためにいろいろな手法が試されているのですが、そこまでの有効性は得られていないようです。

自分でどうにかするのは難しいので、他人が関わる方法、たとえば、認知行動療法を勧めている論文もあります。そのほうがまだ効果があるとのことです。

ちなみに、認知行動療法は、心理療法の一種で、専門のカウンセラーとの面談により、認知（ものの考え方や受け取り方）の偏りを一緒に見つけ、日常生活にも活かしていこうとするものです。うつ病や不安障害、統合失調症など多くの精神疾患に効果があることが実証されています。

とりあえずちょっとだけ手をつけよう

動かないとやる気は出ない

後回しにするなどの怠け心に打ち勝つのはなかなか難しいのですが、「やる気」と「行動」の関係において、「やる気」→「行動」ではなく、「行動」→「やる気」であることが言われています。

やる気は、脳から「ドーパミン」という神経伝達物質が出ることによりもたらされます。ドーパミンは、快感や幸福感を与え、気分を高める、意欲を感じさせるなどの作用を持っていますが、行動していないときにはドーパミンは分泌（ぶんぴつ）されず、実際に行動を起こしているときに分泌されます。

つまり、動くとドーパミンが出て、やる気が出る仕組みなので、逆に、動かないとドーパミンが出ず、やる気は出ないのです。そのため、やる気が出るまで待ってから動くのは難しいということです。

5分だけやってみる

やる気が出なくても、ドーパミンを出すために、行動抵抗性の低いことをとりあえず始めましょう。

たとえば、やらなければいけないタスクに関する書類を机の上に置く、あるいはPCでデータを開く。ざっと目を通すか、読み上げてみる。やることが分かっていたら、5分だけやってみるなどです。ドーパミンは、音楽でも出るので、好きな音楽をかけてから始めるのもよいでしょう。

「ポモドーロ・テクニック」と言われるタイマーを使った方法を活用してもよいか

もしれません。

「ポモドーロ・テクニック」のやり方は、タイマーで25分計り、タスクに集中する。5分休憩。また25分計り、タスクに集中する。5分休憩。4回経ったら、つまり2時間経ったら、15〜30分ぐらい休憩するというものです。

まず始めることが目的のため、タイマーを25分にしなくてもよく、5分、10分、15分でもよいのです。アラームが鳴っても続けたければ続け、続けたくなければいったんやめて、次回いつ取り組むかを決めればよいでしょう。

洗い物など軽作業なら、着手すれば終わってしまうことが多いでしょう。

早い段階で着手するメリットは悔れない

後回しが通常モードだったエンジニア

物事をとりあえず始めると、弾みがついて、なんとなく片付いてしまうことは決して珍しいことではありません。

とりあえず始めることを、早い段階で行なうと、思いのほかメリットが多いことに気づくでしょう。

あるエンジニアは、仕事を依頼されると、「3カ月もあれば大丈夫」などと返事をするものの、忙しくなくても最初の2カ月はまったく着手せず、残り1カ月を切ってから始めることが多かったと言います。

依頼から2カ月経っているので、打ち合わせのメモは取っていても、記憶が曖昧なところや不明点も出てきます。けれども、今さら基本的なことは聞きづらく、だいたいこうだろうということで進めてきたと言います。

納期間際になると、精神的にも肉体的にも疲れますが、なんとかぎりぎり間に合わせるか、少し遅れて出来上がります。

けれども、後で思えば、修正が多く入ったと言います。しかし、当時は、修正は多く入るものだと思っていたため、疑問に感じることもありませんでした。致命的なトラブルも起こらなかったため、ずっとそういう仕事のやり方だったと言います。

「その頃は、疲れることですごく働いた気になっていましたし、早く上げると、簡単にできると思われ、もっと注文が多くなるとも思っていました」

メリットが多く、前倒しにハマる

けれども、ふと早期に「とりあえず始める」ことを試し、調子に乗ってそのまま作業を進めた結果、メリットが大きいことに気づいたと言います。

打ち合わせから間がないので、記憶は薄れていないし、着手することによって出る疑問も先方に確認し、すぐに解決できたと言います。

さらに、先方に具体的に話を聞くことで、じつは先方のニーズが、最初の説明とは少し異なっていて、もっとよい方法があることなども分かったそうです。

「今さら聞きにくい」「確認している時間もないので、さっさと作業しなければ」という心理的な負担が減り、前向きにコミュニケーションを取ることで、ほぼ修正も入らず、お互いにとってよりよい仕事ができたと言います。

「前倒しで仕事を進めるのは、気分的に楽だし、よいアイデアが生まれやすいです。複数案から検討してもらう余裕も生まれ、調整もできるので、仕事の質は格段に高くなります。顧客の満足感、自分の達成感も高まり、信頼も増します」

それからは、「前倒しで仕事をすることにハマっています」とのことです。

「儀式」でスイッチを入れる

儀式でカロリー摂取量を減らす実験

早期の段階で、とりあえず少しだけ動いて、弾みをつけるのがよいとは分かっていてもなかなかスイッチが入らない場合、「儀式でスイッチを入れる」という方法もあります。

儀式とは、あらかじめ一定のやり方を決めた行動のことですが、自己統制力との関係を探る実験が行なわれています。

体重を減らすためにカロリー摂取量を減らすことを目的にした実験では、参加者全員に、「カロリーを減らすために、今週何を食べるか注意してください」などと伝えるのですが、注意を促すだけのグループと、それに加えて儀式をしてもらうグループでの効果を比較しています。参加者には、儀式と自己統制力の関係を探るという意図は伝えていません。

儀式は、毎食時に、「1．食べ物を小さくカットする。2．カットした食べ物を皿に左右対称になるよう並べる。3．食べ物に食器（ナイフ、フォークなど）を3回押し付ける」というものです。

この実験では、儀式の効果が出ていますが、食べ物を小さく切ることで、おいしそうに見えず食欲が失せるなど別の理由も考えられるため、その他の実験も4つ行なっています。

1つは、健康的な食べ物（人参）を選ぶか、そうでない食べ物（チョコレート）を選ぶかという実験で、選ぶ前に、こぶしをつくりテーブルを2回叩いてもらうなどの儀式をしてもらいます。

いずれも、注意を促すだけのグループより、儀式的なジェスチャーをしたグループのほうが効果につながったという結果です。

儀式でオン・オフの切り替えも

単に注意を促すよりも、目的とはほとんど関係のないジェスチャーでも、体を使った儀式で、スイッチが入るようです。

アスリートで、あるポーズをとったり、いつもの手順を行なったりすることで、気持ちを安定させ、モチベーションを高めている人は少なくありません。

仕事のオン・オフの切り替えに関して、ある人は、出社時など外ではコンタクトレンズ、家では眼鏡だったそうですが、在宅での仕事のときは、オンライン会議などがなくてもコンタクトレンズにして、スイッチを入れているそうです。

また別の人は、「仕事中」というドアプレートを、自分の机に立てかけていると言います。このプレートは、在宅で仕事をするときに家族に知らせるためのものですが、この人は一人暮らしにもかかわらず、自分のスイッチ用に使っていると言います。

何かスイッチを入れる儀式を考えてみるといいでしょう。

習慣化のコツ——
朝起きたら水を飲むだけ

スマホアプリで習慣化

儀式もひとつの「習慣化」と言えますが、怠け者の私たち人間にとって、習慣になっていないことを「わざわざ」行なうハードル（行動抵抗性）の高さに比べ、すでに習慣になっていることを行なうほうが簡単です。

スマートホンの習慣化アプリもいろいろ出ており、活用するとよいでしょう。

以前、私が使っていた有料のアプリに「Fabulous（ファビュラス）」というのがあります。アメリカのデューク大学の研究室（行動経済研究所）で開発されたアプリで、順番にいろいろなことを習慣化していくというものです。

このアプリでは、最初の3日間は、起きたらグラス1杯の水を飲むことを勧められますが、簡単にクリアできます。

睡眠中に体の水分が失われるため、朝起きて水を飲み、喉を潤(うるお)すのは、快適でもありますし、胃腸の動きを促進させる働きもあるようです。

もし忘れていても、スマートホンのアラームが鳴り、思い出せます。

記録することでモチベーションを高める

習慣化にあたっては、まずは、いつでも、どんな状況でも、すぐにクリアできそうな、ハードル（行動抵抗性）の低いことからスタートするのが続きやすく、スイッチとして適切です。

朝起きて水を飲むのは、通常そうすることもあれば、そうしないこともあるという人が多いかもしれませんが、すぐに習慣化できるでしょう。

「Fabulous」では、次に素晴らしい朝食（Great Breakfast）を食べることを勧め、何が素晴らしい朝食かの説明が書いてあります。

これも、おおむね朝食を食べているという人は、内容を意識して健康的なものにすればよいので、比較的簡単にクリアできると思います。

習慣化する場合、一つずつ始め、クリアしていくようにしたほうがよいでしょう。習慣化アプリは、実行したらそれを喜ぶ画面が出るものが多く、何日（何回）行なったとか達成率が何％などという数字も出ます。

スマホアプリを使わない場合は、やることを決めたら、「ハビットトラッカー（習慣の追跡者という意味）」というチェックリストをつくって、それに記録すればよいでしょう。いつ何をやったのか、どれくらい続いているのかが分かれば、モチベーションになってよいと思います。

習慣化のコツ――ラジオ体操をするだけ

家で簡単にできるハードルが低いもの

「Fabulous」では、さらに朝5分間ぐらいの軽いエクササイズ（運動）をするように勧められます。

朝、軽い運動をすることは、脳への血流の促進、基礎代謝のアップなど、健康上のメリットがあるのですが、これまでしていないと、「えっ、朝から運動」と、水を飲むよりはハードルが上がります。

そこで、なるべくハードルの低いものということで、私は、ラジオ体操をすることにしました。ラジオ体操は、第一と第二合わせて6分半です。iPadで曲を流せば、体が勝手に動いて簡単です。

アップルウォッチで、エクササイズ（柔軟体操　フリーゴール）ボタンを押して記録すれば、1日のエクササイズのノルマにも貢献してよいです。

さらに今は、ラジオ体操の後に、軽くストレッチをして、ダンベルでのエクササイズを12分ぐらいやっています。

慣れると、朝から運動するのは、やりやすいことが分かりました。

予定が入っていても、その分、早く起きればよいだけで、それ以外のスケジュール調整の必要がありません。

しかも、ラジオ体操とダンベルだと、家ででき、出かける準備も移動も要らず、天候にも左右されません。もちろん慣れている人は、外でのウォーキングやランニング、ヨガ、ダンスほか、自分がやりやすいものでよいでしょう。

何からやるか、いつやるか

さらに、「Fabulous」では、朝、昼、晩の日課を設定することを勧めます。既にある項目から選んでもよいし、自分で作ることもできます。よく考えられているアプリです。私が今このアプリを使っていないのは、習慣化されてしまったからです。

やったほうがよいことは、習慣化すれば自動的にやるようになり、かなり楽です。

スマホアプリでなくても、まず項目をリスト化して、何からやるか、いつやるかを決めます。

何からやるかは、ハードルが低く自分にもたらす影響が大きいもの（メリットが高いもの）が一番、次にハードルが低く影響は小さいもの、ハードルが高いものは後に回します。

いつやるかは、「何時何分から」と時間が決められるものはその時間を、「〇〇を終えたらすぐ」「〇〇に着いたらすぐ」などもリストに書いておきます。やるタイミングを決めないと忘れますし、結局やらないということになりがちです。

最初は、スマートホンのアラームをセットして鳴らしたほうがよいでしょう。

そして、クリアしたら、何らかの褒美を出すようにするとよいでしょう。

「これが終わったら、〇〇をしてもよい」などとするのもよいかもしれません。

体重を毎日計ることが大切な理由

データが分かれば、行動につながる

習慣化すると、毎日や毎週など定期的にそれ（タスク）を行なうことになりますが、溜めないので1回あたりの量が多くなく楽であるとともに、溜まるのを防ぐことができます。

さらに、定期的に、関連する数値などの客観的なデータを把握し、記録しておくことには、大きな意味があります。

記録を活用したものに「計るだけダイエット」があります。これは、毎日、朝と夜、決まった時間に体重を計り、記録するというダイエット法です。

夜、体重は増えていますが、日によってその幅が変わります。たくさん増えていれば、

「お昼に食べすぎたかな」「いつも歩いて行くところを車に乗せてもらったので、あまりカロリーを使っていないかも」などと、振り返ることで、食事量、運動量を意識するようになり、その結果、体重が減るという仕組みです。

もちろん、単に体重を計って記録するだけで、増減や理由を意識せず、行動にもつなげないと、ダイエットはできません。

けれども、意識して、行動につなげれば、改善はしていきます。

不安は放置せず、すぐに現状把握を

この逆で、現在もしくは直近のデータがなければ、現状が分かりませんし、以前のデータがなければ、変化が分かりません。

たとえば、「コロナ太りが怖くて体重が計れない。ここ半年ぐらい体重を計っていない」という状態をイメージしてみてください。

体重は、通常1日で5キロも10キロも増えることはなく、毎日計っていれば、仮に

1日で1、2キロ増えたとしても、そこで心理的アラームが鳴り、戻るまで食事量を減らす、運動量を増やすなどの対応ができます。

しかし、半年も1年も放っておけば、増加のタイミングで心理的アラームが鳴らせません。「今日は食事を少し控えるかなあ」などと、思いついたようにしか行動もしないし、その実効性、すなわち、食事を控えたことで体重が減ったかどうかも確認できません。体重を計らないうちに5キロ、10キロ増えてしまっている可能性があります。「もしかしたら」という不安は、放置しておいても解決はしないので、思い当たることはすぐに現状把握したほうがよいでしょう。

すぐに手を打てるのがメリット

ダイエットにかかわらず、さまざまなデータを定期的に測定・記録し、変化の理由を調べ、その都度対応することには、大きな意味があります。

健康診断の数値（血圧、コレステロール値他）、経理の数値（売上、利益他）、タスクに関する数値など、その時々の状況を把握していれば、問題を見つけやすく、早期に手を打てます。

手遅れが防げますし、問題がなくても、行動と結果の因果関係が分かれば、よりよい状態にできます。

玄関にセキュリティスタンプとハサミを置こう

溜めない仕組みで「面倒」を減らす

タスクを溜めないためには、タスクが発生するたびに即座に片づく仕組みをつくったほうがよいでしょう。

犯罪に関する「割れ窓理論」、すなわち窓ガラスが1枚割られたのを放置しておくと、さらに窓ガラスは割られ、結局、町全体が荒廃してしまうという理論のように、タスクを放置しておくと危険です。

窓ガラス1枚、タスク1つの段階で動いたほうが、結局は楽です。

そこで、たとえば、部屋が散らからないように、ゴミになりそうなものは「すぐに捨てる仕組み」にします。

その例として、DMやチラシが溜まらないように、玄関にセキュリティスタンプとハサミを置いておくという方法があります。

帰宅時、郵便受けから取り出した郵便を、玄関ですぐに開け、要らないものは、住所や名前の個人情報をセキュリティスタンプで消し、ゴミ箱に捨てます。要らないチラシもゴミ箱に捨てるなり、ストック袋などにすぐに入れます。

玄関を「関所」とする

宅配便も、受け取ったら玄関ですぐに開け、梱包材など要らないものは捨て、段ボール箱は再利用の予定がなければ、捨てる曜日まで、畳んでまとめておきます。

段ボールは、「送ってきた商品が不良品の場合は送り返さなければ」とか、「何かに使うかもしれない」と思って置いておき、使わず、溜まっていくことはありがちです。

もし置いておく場合も、1週間、1カ月など保管期限を決め、廃棄予定日を付箋紙に書いて貼っておきます。

さらに、外出からの帰宅時、外で買ってきたもの、もらったものも玄関で開けて、梱包などを捨て、置く場所に収納するとよいでしょう。

これらの作業は、玄関でなくてリビングや自分の部屋でしても構いませんが、「後でやろう」と思って放置しがちなため、玄関がおすすめです。もちろん玄関に郵便や宅配便などを放置したまま、中に入ると意味がないので、玄関で作業してから中に入るようにします。

玄関を「関所」にするわけです。関所は、江戸時代などに通行人や物品をチェックした検問所です。余計なものは中に入れないというわけです。

玄関でなくてもいいので、関所を設定しておくとよいでしょう。

やりやすい仕組みをつくる

部屋の掃除や片付け、家電のメンテナンス、要らないメールを削除するなど、定期的に行なったほうがよいと自分が思うことは、リスト化して、それぞれやるタイミングを決め、やりやすい方法、仕組みを考えます。

そして、できれば習慣になるまで「関所」を設け、スルーできないようにします。それを終わらせるまでこれはできないなどの仕組みにしておいたほうがよいでしょう。そのうち習慣化すれば、いちいち考えなくても自動的にやっているという状態になって便利です。

そうなのです。習慣化＝自動化なので、やったほうがよいことを習慣にしてしまうメリットは思っている以上にあります。

逆に、よくないことが習慣になってしまっているのをやめるのは難しくもあります。

PART1 の内容を再確認して、次のアクションに繋げよう！

＊＊＊＊怠け心を克服するコツ＊＊＊＊

人は、将来的なメリット、デメリットよりも、今を優先する。今面倒なことはやりたくない、楽なほうがよいという気持ちに負け、新たに努力を要することはなかなか始めたがらない。

・そのため、行動抵抗性（やりたくない気持ち、ハードル）を低くする必要がある。
・溜めると面倒になりそうなことは、早い段階で着手したほうがよいが、動かないとやる気は出ないので、とりあえず始めてやる気を出す。
・儀式、すなわちある一定の動作を取り入れ、スイッチを入れる方法も考える。
・タスクは、随時データ化して、現状と変化を把握することにより、アラームを鳴らし、行動につなげる。
・習慣化するために、即座に行動できる仕組みを作る。
・習慣化するまで関所を設ける。

人は怠け者であることを前提に、自分ができるだけやりやすい方法で、なるべく早めに、とりあえず動いてみることがポイントです。動きやすい仕掛け、仕組みを考えて、習慣化してしまうと楽です。

逆に言うと、やる気が出るまで待ってもやる気は出ませんし、もし、やる気が出ても、難しい方法だと行動しないし、しても挫けがちです。

PART 2

タスクをゲーム化しよう

ゲーム化できればハマる

ハマると続く

人は基本的に怠け者のはずなのに、ゲームや何かにハマる、すなわち夢中になってそればかりやり続けたりもします。

以前、「ポケモンGO」というゲームが流行りました。これは、スマートホンなどの位置情報を活用し、実際の場所に出かけ、ポケットモンスター（ポケモン）を捕まえたり、バトルさせたりするゲームで、このために遠くまで出かけて行ったり、街を歩き回ったりする人が多くいました。

人は今やらなければいけないこと、やったほうがよいことを後回しにする一方で、とくに今やらなくてもいいことにハマり、寝食を忘れることもあります。

ゲームにだけでなく、仕事にハマる、ゲーム的な感覚で仕事に熱中する人もいます。ベンチャー企業の創業者や創業期の社員には、そんな感じの人が多いです。

人がゲームにハマる性質を、ゲーム以外に活用した「ゲーミフィケーション」という手法もあります。

「ゲーミフィケーション」は、ビジネスや学習、医療・健康、その他のゲーム以外の分野に、ゲームの考え方、メカニズムを取り入れて、人々のモチベーションを高め、行動につなげようというものです。

アリのように見えてキリギリス

「ゲーミフィケーション」は、ビジネスパーソンのセルフマネジメント、チームマネジメントはもとより、子供の勉強や何かをマスターするのにも活用できます。

私は、マネジメントコンサルタントとして、経営者やビジネスパーソンがうまくいく方法を追求しています。そのなかで、経営者や幹部、ビジネスパーソンが、すぐに行動し、継続し、成果も出しているとき、じつは本人たちに「努力」しているという意識はほとんどないことが多いと感じています。

傍目からは「頑張っている」と思えても、実際、それなりの努力は積み重ねていても、本人たちは、むしろ、ゲームにハマるように夢中で楽しんでいたりします。

「アリとキリギリス」の話だと、傍目からは「アリ」のように見えても、本人は「キリギリス」の気分なのです。

この「キリギリス」の気分で「アリ」の行動をするのは、チクセントミハイの「フロー」の概念に当てはまるのではないかと思います。

チクセントミハイは、アメリカのクレアモント大学院大学の心理学の教授です。「フロー」の考え方は、1970年代、彼がシカゴ大学の教授だった頃から提唱されています。

フロー体験が起きるとき

チクセントミハイの著書『フロー体験入門――楽しみと創造の心理学』（世界思想社）には、フロー現象を発見した経緯に関して、「遊びの性格をもつ何かをしているときにこそ、最も楽しく、わくわくし、さらには有意義である体験が起こる」ということが書かれています。この体験がフロー体験ですが、それがどういうときに起きるかということに対しては、ハマるゲームの特性と共通しています。

フロー体験は、「目標が明確で、迅速なフィードバックがあり、そしてスキル（技能）とチャレンジ（挑戦）のバランスが取れたぎりぎりのところで活動している時」に起き、「行動をコントロールできているという感覚を得、世界に全面的に一体化していると感じる」ものです。

「多くの人がこの状態を、よどみなく自然に流れる水に例えて描写する」ために「フロー（流れ）」と呼ぶことになったということです。

フローにもつながるゲームの要素を次に挙げます。

タスクをゲーム化し、フローに乗ることができれば、サクサク動けるはずです。

ゲームの要素　1

ゴールが明確

エンディング、ステージがある

ゴール、すなわち最終的に目指していることが明確なことが、ハマるゲームの大きな特徴です。

コンピュータゲームには、終わりがあるものと、ないものがあります。

前者は、エンディングの画面が出てきて、プレーヤーは「このゲームをクリアした」と明確に分かります。

後者もエンディングがなくても、ステージがあってレベルアップする目標（目印）があることが多いです。

また、自分で組み立てていく自由度の高いゲーム（オープンワールド）で、エンディングを目指さない場合も、ゲームを行なうことによって経験と知識が増え、「次はこうしてみよう」と、プレーヤーが自分で目標を設定できます。

モチベーションには方向性が必要

ゴール、目標がないと、じつはモチベーションは発生しません。

モチベーションは、やる気、意欲と同義で使われることが多いですが、目標に向かうための心理的なエネルギーであり、向かう先が必要です。

カナダ・ビクトリア大学のピンダー教授は「方向性」を、モチベーションの要素に挙げています。

モチベーションを発生、継続させるには、その対象や目標、「いつまでに、何が、どうなっていればよいのか」という具体的なゴールが必要ということです。たとえば「○○試験合格」というような明確なゴールです。

逆に、漠然と「頑張れ」と言われても、何に対してどう頑張ればよいのか分からないので、頑張ることができません。

ゲームの要素 2

やることが明確

攻略の内容や役割が決まっている

ゲームは、ゴールに至るまでにやるべきことも明確です。

敵などの行く手を阻むものを避けて移動する、敵を倒す、何かを得るなど、攻略の内容が具体的に決まっています。さらに、攻略の方法、順番が決まっていることも多いです。

仮想空間で、旅行したり、動物を飼ったり、家を建てたり、店をつくって経営したり、街をつくったり、さまざまなことができますが、それぞれのゲームのテーマが決まっており、役割とミッションに従ってプレーすることになります。

プレーヤーの自由度が高いゲームでも、リアルの世界ほどできることが際限ないわけではなく、できることからやることを選ぶ必要があります。

仕事ではやることが不明確なことも多い

カードゲームやボードゲームなどのアナログゲームでもやることは明確です。それぞれのゲームの手順やルールが決まっており、参加者はいつでも誰でもそれに則ってプレーする必要があります。

やることが明確なのは、タスクをサクサク片付けるためにはかなり重要です。ゲームの場合、そもそもやることが不明確だとゲームになりませんが、仕事のタスクなどの場合、ゴールは明確でも、やることが不明確ということはよくあります。

たとえば、仕事の場合、目標数値や納期だけ決まっていて、やること、攻略の方法、順番は各人に任されていることも多いです。そのため、経験のない新人や新しい仕事の場合、何をすればよいか分からず、行動できなかったりします。

ゲームの要素　3

やることが難しすぎない

徐々に難しくなっていく

キャラクターを演じるゲーム、ロールプレイングゲームの場合、簡単なステージをクリアすると、少し難しいステージになり、それをクリアするとさらに難しいステージになるという仕組みになっています。すなわち、キャラクターがだんだん強くなる、成長していくゲームです。

乗り物を操縦したり、会社を経営したり、チームを育成するなど、さまざまなことを仮想体験するシミュレーションゲームも、徐々にマスターしていく、できることが増えていく仕組みです。

いずれも最初から難しすぎると、ゲームが継続できないので、プレーヤーは脱落してしまい、ハマることにはなりません。プレーヤーの能力に応じて、徐々に難しくなっていくのがポイントです。

プレーヤーは、ステージをクリアしレベルが上がるたびに達成感を得られ、それが継続のモチベーションになっています。

難しすぎるとやめてしまう

アナログゲームでも、難しすぎないことは大事です。

初心者は、ゲームの手順やルールがよくつかめておらず、戸惑うこともありますが、一緒にプレーする人のアドバイスを聞き、何度かやっているうちに、コツがつかめてきて上達もします。

難しすぎず、上達できる余地があれば、「今度はこうしてみよう」という気持ちが起きて続きますが、難しすぎると、諦めてやめてしまうことになります。

タスクの場合、難しすぎると、Ｐａｒｔ１で書いたように、ハードル（行動抵抗性）が上がって、今すぐにやらなくてもいいことは後回しになってしまいます。

ゲームの要素 4

自分でコントロールできる

気楽に始めたりやめたりできる

まず、ゲームは、仕事のタスクとは違い、プレーヤーが興味をもって始めていることがほとんどです。どのゲームをするか、続けるか、やめるか選べます。急にやめても困りませんし、違うゲームをやったり、やめたり、自分次第で気楽にできます。

また、ゲームは、ゴールもやることも決まっていますが、キャラクターや道具、やり方など選択の余地はあり、自分でコントロールできます。

攻略の道筋が決まっているロールプレイングゲームでも、どんな方法をとるか、どんなワザを使うかなど、自由に選べます。

シミュレーションゲームやオープンワールドの場合は、さらに自由度が高まります。さまざまな工夫の余地があり、創造性が高められます。

自分が絶大な力を持つ

ゲームは、自分の選択で展開が変わってきます。自分の選択がほぼ100%影響力を及ぼします。ゲームの中の世界は、自分のコントロール下にあり、ある意味、自分が神です。

複数のプレーヤーが参加しているオンラインゲームでも、自分のキャラクターなどは、自分のコントロール下にあります。

リアルの世界、ゲームでない世界でも、自分の選択が自分の人生に影響を与えていますし、自分の人生は、自分のコントロール下にあります。けれども、ゲームの世界よりも複雑ですし、結果が出るまでに時間もかかります。ゲームのように、手軽でも気楽でもないのです。

ゲームの要素　5

すぐに反応が返ってくる

常にすぐ結果が出る

ゲームは、コンピュータゲームでもアナログゲームでも、何かしたら常にすぐ結果が出ます。自分の選択がよかったのかよくなかったのか、即座に分かります。リアルの世界ではそこまで即座に、しかも常に反応が返ってくるわけではありません。ゲームならではの大きな特徴です。

「ポケモンＧＯ」には、知り合いの経営者がたくさんハマっていましたが、ゲームの反応の速さが大きな魅力となっていたと思います。

経営はすぐに結果が出ないことのほうが多いですが、ゲームは、努力や工夫がすぐに結果につながります。

仕事において研究熱心で、さまざまな工夫をし、努力を重ねることが好きな経営者にとって、ゲームではそうすればすぐに結果が出る点、努力が着々と積み重なってステージが上がっていくのが楽しいに違いありません。

もちろん、経営者にかぎらず、工夫や努力の結果がすぐに分かるのは魅力的です。

フィードバックの仕組みを作る

タスクにおいても、すぐに結果は出なくても、何らかの反応、フィードバックが返ってくるようにすることが大切です。

管理職の場合、部下に即座に何らかのフィードバックを返すようにし、顧客や取引先からもなるべく早くフィードバックを得られる仕組みにするとよいでしょう。

また、自分自身に対しても、「体重を毎日計ることが大切な理由」（P44）で書いたようにさまざまなデータを定期的に測定・記録し、反応、結果が分かるようにしたほうがよいでしょう。

ゲームの要素　6

状況が明確

数字で現状が分かる

「ゲームの要素5　すぐに反応が返ってくる」とも関係するのですが、ゲームでは現在の状況が明確です。

コンピュータゲームでは、状況が、ステージ、レベル、点数など数字で表わされることが多いです。そして、これらの数字は、基本的にはゲームを続ければ上がっていく一方です。

リアルの世界では、段級位制を採っているもの、武道(柔道、剣道など)、芸道・資格(書道、珠算、簿記など)、将棋、囲碁などがこれに当たります。

また、アルバイトをいくつかの項目に従ってランク分けし、時給を変えているフランチャイズチェーンもあります。

指標がない場合は自ら作ろう

数字で現状が分かり、続けることによって次々にステップアップする可能性が感じられれば、それを目指すことができます。

逆に、「全体像」も「現在地」も分からず、さらに「フィードバック」もなければ、努力の甲斐があったのかなかったのか、よく分かりません。

しかしながら、実際の仕事の現場などでは、そういったことは多々あります。

そのような場合、自ら指標を作り、自己評価するとよいでしょう。

管理職は、チームメンバーそれぞれと話をして、指標を設定するとよいでしょう。その際、一定のタスクを行なった累積時間など、「上がっていく一方」の指標も取り入れると、励みになります。

さらに、「今週の〇〇提出数」など限定的でもよいので、公平な状態でメンバー同士が比較できる指標を用いるとよいでしょう。

ゲームの要素　7

勝敗が明確

ゲームは勝ち負けを競うものが多い

ボードゲームなどのアナログゲームは、勝ち負けを競うものがほとんどです。囲碁、将棋、麻雀、花札、トランプなどの昔からあるゲームも同様で、勝敗は明確です。コンピュータゲームも、複数のプレーヤーで勝負をするものがありますし、一人でもコンピュータと対戦するものがあり、勝敗は明確です。

また、ステージ、レベルなどが設定されていれば、それらの数字の基準は、同じゲームでは誰が行なっても同じであるため、一人でプレーしていても、人と比較でき、「私のほうが上だ」などと分かります。

勝負は「快楽」につながる

リアルの世界では、スポーツは勝敗を競いますし、勝敗を競う遊びはたくさんあります。むしろ、遊びの要素として勝敗を競うことはポピュラーです。

動物界では、勝負は生死につながることが多く、人間界でも戦争の類は同様です。けれども、ゲームや遊びの要素が大きいアマチュアのスポーツは、極めて安全なうえ、勝負は「快楽」につながるので、怠け者を動かします。

ゲームなどの勝負で勝てば、他者から自分の能力が認められ、「承認欲求」が満たされます。負けても、残念に感じたり、悔しく思ったりする程度で、失うものは少ないです。むしろ、相手のやり方などが分かり、次に自分が勝つヒントになったり、他者と一緒にプレーすることで「所属と愛の欲求」が満たされたりします。

このような、ある意味、気軽な勝負をタスクにも取り入れると、大人も子供も喜んで動くようになります。

ゲームの要素　8

何度でもやり直せる

チャレンジが気軽にできる

ゲームは、途中でゲームオーバーになって終わったり、自分で「もうやめた」と終わらせたりすることができます。そして、途中から、あるいはまた最初からやり直すこともできます。

最初からやり直すのは、設定を変えたいとか、気分を変えたいとか、これまでのそのゲームでの経験を踏まえて初めからやりたいということだったりしますが、何度でも好きなだけやり直せます。

勝ち負けを競うものでも、何度でも勝負ができます。

すなわち、「今度はこうしてみよう」というチャレンジが気軽にできるのです。

リアルな世界にも取り入れられる

しかも、チャレンジの結果はすぐに出ます。そして、それを踏まえて、またチャレンジができます。

「気軽さ」というのは、ゲームの大きな魅力です。

バーチャルの世界では、敵にやっつけられても実際の身体にダメージは受けませんし、自動車が大破しても、飛行機が落ちても、経営している会社が破産しても、何の痛手もありません。そのため、チャレンジに対する心理的な負担はほとんどなく、慎重になる必要がありません。

リアルの世界でも、行なうことによってプラスになるけれども、行なわなくてもとくにマイナスにはならないこと、たとえば、新たな知識の習得などに、何度も気軽にチャレンジできる仕組みを取り入れるとよいかもしれません。たとえば、クイズ（小テスト）に答え、クリアすればステージが上がっていくような仕組みです。

ゲームの要素　9

達成感などポジティブな感情が得られる

チャレンジが気軽にできる

ゲームは、「ゲームの要素7　勝敗が明確」でも書いたように、勝ち負けを競うものは、勝てば「承認欲求」が満たされます。

また、キャラクターが成長していくロールプレイングゲームでも、さまざまな仮想体験ができるシミュレーションゲームでも、ステージが上がったり、できることが増えたりすると、「達成感」が得られます。

達成感は、仕事や活動でも得られますが、単に何かが終われば得られるわけではなく、フロー体験が起きる要素でもある「スキル（技能）とチャレンジ（挑戦）のバランス」が大切です。

フローの図では、スキルが高くチャレンジが高いときに、フロー体験が起きるとなっています。リアルの世界では、スキルとチャレンジのバランスは一致していたりいなかったりしますが、それでもその仕事や活動を続ける必要があったりします。

しかし、ゲームの場合、難しすぎる（スキルが低い）と脱落しますし、やさしすぎる（チャレンジが低い）と飽きて、やはりやめてしまいます。続けられているゲームは、ある意味、スキルとチャレンジのバランスが合っているため、達成感は得やすいかもしれません。

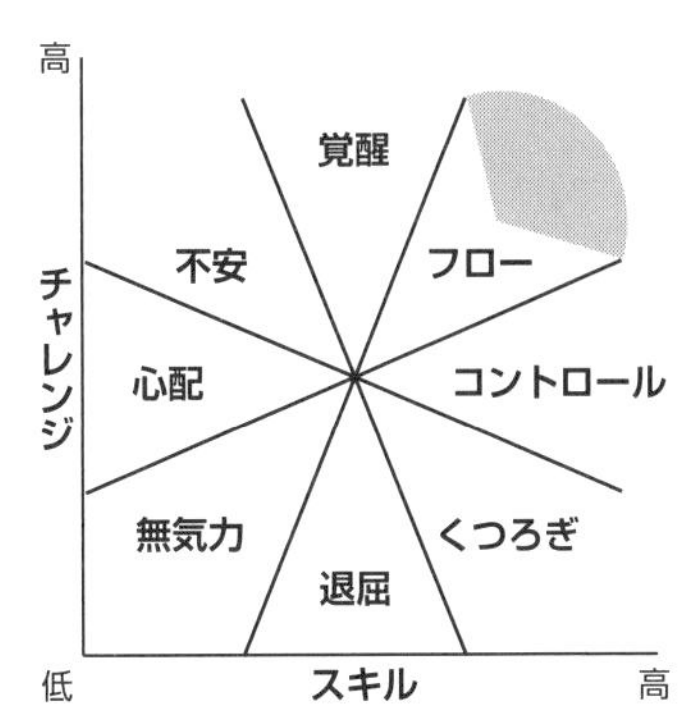

続けていけば、達成感が得られるのは、リアルの世界でも同様ではあるのですが、ゲームの世界の特徴は、努力が形になるまでのスピードが速いということです。速さ、気軽さは、怠け者にとって魅力的です。

PART2 の内容を再確認して、次のアクションに繋げよう！

＊＊＊＊タスクにゲームの要素を取り入れるコツ＊＊＊＊

・ゴールが明確
・やることが明確
・やることが難しすぎない
・自分でコントロールできる
・すぐに反応が返ってくる
・状況が明確
・勝敗が明確
・何度でもやり直せる
・達成感などポジティブな感情が得られる

自分のタスクを設定したり、管理職ならばチームのタスクを設定したりする際に、これらの要素を意識してみてください。

PART 3

タイムマネジメントのコツ

タイムマネジメントこそが具体化のポイントになる

時間厳守の雑誌の現場

怠け者が、サクサク動くように、ハードルを下げ、習慣化するなり、ハマる要素を入れるとよいということを書きました。さらに、具体的に何をどうやるのか計画を立て、実行するときのコツについて書きます。

いわゆる「タイムマネジメントのコツ」です。

私は、雑誌の編集長、編集部門長を長年やってきました。

雑誌は、時間厳守、締め切りが絶対です。私がかかわっていたのは、月刊誌、季刊誌、オンラインの週刊誌、日刊紙ですが、メインの月刊誌は、関わる人が100人以上ということもざらで、同時進行で何号分もつくっていました。

締め切りが、工程に沿ってたくさんあり、遅れた場合、その分遅れるのではなく、アポイント（予約）の取り直し、全体見直しになることも少なくありません。とくに印刷所は、年間の予定が決まっているため、納期をずらすことはできません。

仕組みと予防策

一方で、雑誌はなるべく新しい情報を掲載しようとして、原稿がぎりぎりになることはよくありますし、いきなり状況が変わってその内容が掲載できないなどの突発事故も起こります。

さらに、どんなに急いでいても正確さが求められます。とくに、固有名詞や各種データ、事実関係の間違いは、関係者に迷惑がかかるため、ミスは許されません。

そういったなかでのタイムマネジメントは、各編集者がなるべく無理や無駄が発生しないように予防策をとってもいました。

基本的なタイムマネジメントの方法に加えて、一般の人にも使える雑誌編集現場の方法も紹介します。

タイムマネジメントって何だ？

仕事で使われることが多い言葉

タイムマネジメントという言葉がよく使われるのは、職場、仕事においてでしょう。仕事の生産性を上げるため、仕事を効率的に行なうよう、時間の使い方を管理するという意味で使われます。

経営的な視点からすると、働いた時間で賃金（時給、日給、月給）を払うのなら、同じ時間内に質を落とさず、より多くの仕事をしてくれたほうがよいのです。

また、仕事を出来高制で受けるフリーランサーなどの場合、仕事はなるべく短時間で終えたほうが、時給換算にした場合の金額が高くなります。

さらに、仕事以外においても、人生の時間をどう使うかは重要です。

毎日の時間とタイムマネジメント

毎日の時間を大きく4つに分けると、次のようになります。「……」は一般的な事例であり、何を入れるかは、各人によります。

1. やらなければいけないこと……仕事、人との約束、睡眠、食事、家事、雑用など
2. やったほうがよいこと……将来への準備、自己投資、読書、運動、休養など
3. やりたいこと……親しい人と過ごす、趣味の活動など
4. やらなくてもよいこと……だらだら過ごす、勘違いによるミス・やり直し、まとめてやれたことをバラバラにやる、何度も忘れて聞く、不要な探し物など

タイムマネジメントの目的は、「1．やらなければいけないこと」を効率的にやり、「2．やったほうがよいこと」「3．やりたいこと」が十分にできるようにすることです。「4．やらなくてもよいこと」に時間が取られ、他の時間が少なくなるのを防ぐこととも言えるでしょう。

始める前の設計が出来上がりを左右する

アポイントメントとタスク

「1．やらなければいけないこと」には、やる時間が決まっているものと、決まっていないものがあります。

決まっているものは、会議や待ち合わせ、仕事の始業時刻、乗り物の出発時刻などで、これを「アポイントメント（アポイント、アポ）」と言います。予約、約束という意味です。

決まっていないものは、納期までに終わらせればよい仕事などで、「タスク」と言います。仕事、課題という意味です。

「アポイントメント」は、強制力が働くのに対し、「タスク」は、自分で管理しなければならないのでかえって難しいと言えます。

タスクを管理することを「タスク管理」と言い、タイムマネジメントの肝(きも)(重要な部分)になります。

タスクに着手する前に

タスク管理のポイントは、着手する前の次の3つです。
1．目的を理解する
2．出来上がりイメージを確認する
3．よりよい手順を考える
始める前の設計が、タスクの出来上がりの速度、質を左右します。

まず、仕事などのやるべきことには目的があります。

その仕事は、「誰のため」「何のため」のものなのか、「どのように活用されるのか」「大きな流れのどの部分か(自分の役割)」を把握しておいたほうがよいでしょう。

さらに、仕事の依頼者、関係者と出来上がりのイメージを共有しておくことが極めて重要です。

すでに前任者、他者が同じ仕事をしているのなら、それを踏襲したほうがよい部分、変更、改善したほうがよい部分を確認すると、効率的です。

場合によっては、最初から決定権者に確認する（してもらう）とよいでしょう。

そうしなければ、仕事がかなり進んだ段階で、強い影響力をもつ人にひっくり返され、ほぼ0からやり直す「ちゃぶ台返し」に遭い、時間と労力の無駄になることがあるからです。

余裕をもったスケジュールに

さらに、不明点、疑問点は、「きっとこれでいいはず」と思わず、最初に、そして途中でも、その都度確認したほうがよいでしょう。

いちいちコミュニケーションをとるのは面倒かもしれませんが、後でやり直したり、お互い妥協することになったりするのなら、先に確認したほうがベターです。

そのためには、確認・修正できるよう、前倒しで進めたほうがよいでしょう。

計画を立てるときには、タスクを細かく分け、効率的な手順を考えます。タスクを細かく分けることを「タスクブレイクダウン」と言い、何日の何時から何時までに何をやるのか、実際のスケジュールに当てはめてみます。

自分の仕事の処理能力、どんな仕事にどれくらいの時間を要するのかを、毎回測定してなるべく正確に見積れると、仕事がオンスケジュール（予定通り）になります。

タスクに関連して、誰かに確認したり、頼んだりすることがあれば、その分の時間の余裕も入れておく必要があります。

そして、無理な仕事量にしないことが大事です。タイムマネジメントで空き時間がつくれても、そこに仕事をどんどん入れてしまうと、元も子もありません。

無理な仕事量になりそうなときは、関係者に状況を伝え、同じ依頼者からの複数の依頼なら、優先順位を聞くとよいでしょう。また、そうでないときは、自分で優先順位を決めておいて、それに従いましょう。

実行中は進行管理が大事

時間を管理する専門の人がいる

雑誌の編集部の場合、納期を守るための仕組みとして、「進行管理」という、文字通り進行を管理する専門の人がいるのが、他の職場とは大きく違うところでしょう。

時間管理の専門の人としては、テレビやイベントには「タイムキーパー」がいて、「進行表（タイムスケジュール）」に沿って、分・秒単位で進行を管理しています。

雑誌の場合は、日・時単位となりますが、「進行管理」が「進行表」に沿って管理し、アラームを鳴らします。

この進行表は、編集部員など関係者は皆持っていて、それに合わせて仕事をする必要があります。団体旅行で日程表が配られ、添乗員が管理しているようなものです。

日々進行表に沿ってタスクを行なう

この進行管理の仕組みをセルフマネジメントで活用するには、タスクブレイクダウンし、途中の締め切りを決め、進行表をつくってみることです。

そして大切なのは、それぞれの締め切りを実現可能な日時にすることです。予定をたくさん入れすぎない、できると思うより少なめの予定、余裕のある計画を立てることです。

そして、日々進行表を確認し、それに合わせてタスクを行ないます。今日やることは確実に終わらせます。

また、予定通りに進まない、順番を変えて先の予定を前にしたほうがよいと思うときなどは、それが分かった段階で、進行表を設計し直します。これを「リスケジュール(reschedule)」と言います。「リ(re)」は、接頭語の「再び」で、スケジュールを再設計するということです。

進行表を実情に合わせて変更することも、進行管理では大切なポイントです。

実行中のありがちな課題

始めない、続けない、終わらない

タスクを実行するにあたって、次のようなことがよく起こります。

- ◆ぎりぎりにならないと始めない
- ◆すぐにだらけて続けられない
- ◆こだわりすぎて終わらず、間に合わない

どうすればよいのでしょうか?

・ぎりぎりにならないと始めない

余裕のある計画にした結果、「まだ時間は十分にある」と感じ、結局ぎりぎりになるまで始めないということがよくあります。

これは、「とりあえずちょっとだけ手をつけよう」（P29）で書いたように、気分が乗らなくても「15分だけやる」というように決めて、とりあえず始めることです。

・すぐにだらけて続けられない

これもタイマーをセットし、「1時間で」あるいは「○時○分までにここまでやる」と、やる内容を決めて集中することです。その間は、他のことをしてはいけません。まわりの人にも「急ぎでなければ声をかけないで」と言っておきます。私の編集部では、そういう場合に立てておく卓上サインを各人が持ち、使っていました。

・こだわりすぎて終わらず、間に合わない

まず考え方をなるべく「完璧な出来上がりよりも、時間を守ることを優先する」「満点より合格点」とすることです。そして、関係者に「ほぼできたので見てください」と言って提出してみましょう。「もうこれでＯＫです」と言われたら、そこで終わり、何か要望があれば、そこだけ修正・追加しましょう。

雑誌の編集部的タイムマネジメント

部員、社外で協力し合う

雑誌の編集部では、二重三重のチェック体制や、もしもの場合の代替案とともに、次のように、部員同士、また社内外の人とも協力し合うようにしていました。協力し合うことで、納期を守れるとともに、効率を上げることができます。

・他のメンバーの進行状況にも気をつける

誰かが締め切りに間に合いそうにないと、余力のある人が手伝ったりカバーしたりすることになります。とくに、デスク、副編集長はある意味連帯責任になるので、自分の進行だけでなく、手分けして部員の進行状況も把握し、適宜アドバイスします。

・ブレイン、情報提供者を作っておく

日頃から、社内外にブレイン、情報提供者をつくっておくようにします。ブレインは、各種専門家、業界通、事情通で、取材の前後などにヒヤリングできる人です。また、いろいろな人に、自分が何をやりたいのか、やっているのかを伝え、情報が入るようにしておきます。自分もその人のニーズを聞いて、協力し合います。

・次のために種を蒔き、人に役立つ情報は伝える

どこかに行った、誰かに会った際に、次の取材先、ブレイン、協力者を探し、声をかけておきます。他の部員、情報協力者に役立ちそうな情報が入れば伝えます。

・付随業務も大事。その時間も確保する

原稿料の支払いや雑誌の送付手続きなども抜け漏れがないようにします。また、読者の声は、筆者や関係者のモチベーションにつながるので、お礼のメールとともに、忘れないようにフィードバックします。

終了後は振り返る

定期的に振り返る

仕事を終えたらそこで終わりではなく、振り返ることでよりよい仕事の進め方ができます。

まず、1日の仕事の終了時に、今日を振り返ります。

予定通り仕事ができたか、よかった点、改善するともっとよくなる点、100点満点で何点だったかを考え、スケジュール帳か日記アプリ、目標管理アプリなどにメモしておきます。

もし、予定通りに終わらなかった場合は、リスケジュールします。

そして、明日やること、段取りを確認します。その際、先ほどメモしたよかった点、改善点をどう活かすかも考えます。

1日の仕事の終了時に振り返る余裕がなければ、翌日のスタート時に昨日を振り返ってから、今日やること、段取りを確認します。

週末には1週間を、月末には1カ月を振り返り、次週、次月にやること、段取りも確認します。

人のやり方も取り入れる

さらにおすすめなのは、よりよいやり方の研究です。

身近で、生産性が高い人、質の高い仕事をしている人、理想的な働き方をしている人を何人か観察し、自分との違いを見つけます。

実際に本人たちに仕事のやり方や工夫点、使っているツールなどを聞いてみてもよいでしょう。

そして、その人たちの方法をそれぞれ実際に試し、必要に応じて自分に合わせて調整します。

生産性の高い仕事の仕方

全体の仕組みプラス個々の工夫

雑誌の編集部の場合、やらなければならないことが多く、しかも品質や正確さが求められるのに、時間的な余裕がなく、納期厳守です。

まさに生産性の高い仕事の仕方が求められます。

もちろんそのために全体の仕組みが整えられています。事前に年間スケジュール、月間スケジュールが組まれていますし、進行管理の人が進行表に基づいて細かく管理します。

編集部員は、自分の仕事をタスクブレイクダウンし、なるべく正確に必要時間を見積り、自分用の進行表を作り、筆者や取材先と日程を調整し、外部スタッフや他者と協力し合い、仕事を進めていきます。

PART3の内容を再確認して、次のアクションに繋げよう！

＊＊＊＊タスクの前・実行中・後のポイント＊＊＊＊

<始める前の設計が出来上がりを左右する>
・仕事の目的と出来上がりイメージを明確にする
・タスクブレイクダウンし、よりよい手順を考える
・進行表を作成し、段階ごとの締め切りを設定する

求められているアウトプットに合わせて、適切な方法、段取りで作業することが大切です。

<実行中は進行管理が大事>
・進行表に従い、集中して仕事をする
・関係者と密にコミュニケーションをとる
・ブレイン、協力者をつくっておく

集中して仕事ができる環境かどうかは、生産性を左右します。また、仕事は人が相手なので、コミュニケーションは欠かせません。さらに、自分の仕事の助けとなるブレイン、協力者をつくっておくとよいでしょう。

<終了後は振り返る>
・振り返って、改善する
・お手本になる人のやり方を研究し、自分用にアレンジする

他の人の方法も参考にすると、自分では思いつかなかったアイデアが得られたりします。

PART 4

心をマネジメントしよう

自分の心を他人の目で見るコツ

コロナでネガティブな気持ちに

ここまで、怠け者が行動するためのコツを書いてきましたが、次に、人の「心」についで書いていきます。

コロナで、次のような人も増えています。

- 不安、心配になることが多い。
- なんとなく疲れやすく、物事への興味や気力が減っている気がする。
- 家族や自分、他人にイライラすることが増えている。

世界が予想できなかった事態に陥り、環境が大きく変わり、マズローの欲求階層説（P18）では「安全の欲求」、場合によっては「生理的欲求」も脅かされているので、多かれ少なかれネガティブな気持ちになるのも当然です。

そういったなか、なるべく心を安定させ、平常心でいるためにはどうすればよいのでしょうか？

人は「感情の生き物」

人は「感情の生き物」と言われます。毎日、いろいろな出来事に対して、喜んだり、悲しんだり、怒ったりと、感情とともに生きています。

改めて「感情」という言葉の意味を調べると、「物事に感じて起こる気持ち。外界の刺激の感覚や観念によって引き起こされる、ある対象に対する態度や価値づけ。快・不快、好き・嫌い、恐怖、怒りなど」（デジタル大辞泉）と書いてあります。

感情の発生において、大脳の扁桃体（へんとうたい）という部分が、主要な役割を果たしていると言われています。扁桃体は、爬虫類（はちゅうるい）にもある古い脳で、個の生存のために、好ましいか、好ましくないかを一瞬で評価します。たとえば、外敵が近づいているのは好ましくない、食料があるのは好ましいという具合です。

命に関わるのでスピーディに判断しますが、評価が間違っていることもあります。よく見たら外敵ではなかった、食料ではなかったなどです。

「心」のあり方に鍵がある

「心」は「感情」と似た言葉ですが、意味が違います。

「心」は、「人間の理性・知識・感情・意志などの働きのもとになるもの。また、働きそのものをひっくるめていう。精神。心情」（デジタル大辞泉）と書いてあります。つまり、「感情」よりも幅が広いのです。

感情や行動をコントロールするのが理性で、大脳の前頭前野がその役割を果たしています。前頭前野は、思考、創造、計画、意欲、コミュニケーション、記憶などを司る新しい脳の部分です。感情よりも少し遅れて働くと言われています。

この新しい脳で、客観的に自分を捉えることができます。

心をモニタリングする

自分の「心」をモニタリング（観察）し、マネジメントできれば、日々さまざまな出来事が起きるなかで、不安や心配になったり、腹立たしかったり、悲しかったり、がっかりしても、その感情にとらわれずに済みます。

モニタリングは、客観的に何かの様子を観察して、その状態を把握することです。IT関連、自然環境関連、介護関係、コールセンターなど、さまざまな分野で、モニタリングが行なわれています。

心のモニタリングは、自分の心を客観的に観察しようというものです。「客観的に」というのがポイントです。

私たちは、人のことだと客観的に見ることができます。

人のことは、「ひとごと」というように、どのようなことも「それはよくあることだ」とか「選択肢はこれとこれ」などと、冷静に見て判断できます。

自分のこともさまざまな角度から客観的に、冷静にモニタリングする方法を紹介します。

空から目線

俯瞰、鳥瞰してみる

山など高いところに上ると、あるいは飛行機に乗って上空から地上を眺めると、いつもの街が小さく見えます。人は小さすぎて見えません。

まさに、「俯瞰(ふかん)する」「鳥瞰(ちょうかん)する」目線です。

「俯瞰」は、高いところから見下ろすこと、「鳥瞰」は、空を飛んでいる鳥の目で見下ろすことです。いずれも比喩(ひゆ)的に、広い視野で物事を見ること、全体を見ることとして使われます。

物事を考えるとき、対象物に近づいてよく見ることも必要ですが、引いて見ることも必要です。

視線を上げて視野を拡げよう

とくにネガティブな気持ちになっているときは、対象物に近づきすぎて、視野が狭くなっていることが多いです。「もうそれしかない」と思っています。じつはそんなことは思い込みで、「選択肢はいろいろある」のです。

また、自分のことにしか目がいかないと、「自分は不幸だ」「何もよいことはない」と思えたりします。本当は、まわりに、その人のことを考え動いてくれている人がいるし、街や市民生活を陰で支えてくれているたくさんの人がいること、それで自分の平和な日常が成り立っていることにはまったく気がついていないのです。

自分の視線を自分の頭の上、自分のいる場所の上、空まで上げて、そこから見下ろすイメージを描いてみてください。サッカー選手で、上からピッチや自分、味方、敵を見るイメージで、作戦を考えたり、動いたりする人もいます。

俯瞰することで客観的に自分やそのまわりが見えてくるかもしれません。

もしも王様だったら（王様の目線）

地域を統治している立場

王様は、言うまでもなく国や地域、民族などの支配者です。

「王様の目線」は、自分がある地域のトップなら、その地域をどう統治するかという目線です。

大統領、首相、知事の目線でもいいのですが、王様は世襲制が多く、若干目線が違うのかなと感じます。

それというのも、私が小学生のとき、長くは江戸時代から続く老舗の後継者候補である友人たちと話をしていて、目線が違うと感じたからです。

その友人たちは、家業において、自分も親も歴史を受け継いで渡す一人であり、自分に課せられた役割は歴史をつなぐ人と捉えていました。将来、何を受け継ぎ、どうアレンジして、どう渡すのかという目線で見ていました。

そういう意味で、王様、とくに名君の目線は、「今の自分」だけでなく、過去・現在・未来のその地域や取り巻く環境、資源、産業、民衆など幅広く見ているのかなと感じます。老舗も王様も決して安泰ではなく、自分の代で失敗して、その事業や国、地域が縮小、最悪なくなってしまうこともあり得るので、責任は重大です。

自分の領地として見てみる

私は仕事柄、企業・組織のマネジメント、チームマネジメント、リーダーのあり方を研究しているので、歴史の名君、暗君についても考えることがよくあります。

ときには王様、できれば名君の目線で、自分が住んでいたり活動していたりする地域を、自分の領地として見てみるとよいでしょう。先に書いたように、街や市民生活を陰で支えるたくさんの人がいて、さまざまな「普通」が保たれています。

そのうえで、自分ができることは何かを考えてみましょう。

もしも社長だったら（社長の目線）

改めて「理念」や「組織」を確認してみる

王様は地域のトップですが、社長は会社のトップです。

あなたが会社、組織に所属している人であれば、もしも自分がその会社の社長、組織のトップだったらと考えてみましょう。

人を雇用している会社、組織のトップには、その会社、組織をよりよい状態で継続していく責任があります。

そもそも何らかの目的があって、その会社、組織がつくられ、今に至るまで活動が続けられているので、その会社、組織の存在理由である「理念」や、実現したい未来の姿である「ビジョン」、具体的な「経営計画」などを改めて確認してみるとよいでしょう。

そして、会社、組織には、さまざまな部署があり、担当者がいますが、それぞれの部署、担当者が行なっている業務内容も確認し、さらに、会社、組織内外における役割、存在価値について考えてみてください。

考えたことは、基本的にすべてメモしておきます。

トップの目線で自分を見てみる

次に、会社、組織全体としての強みや課題を、同業他社、類似の組織と比べて考えてみましょう。

最後に、それらを踏まえたうえで、トップの目線で一社員、メンバーとしての自分を見てみましょう。その会社、組織内外、顧客における役割、存在価値、可能性、求めることについて考え、メモします。

これらは、現在の実際の社長、組織のトップがどう考えるかではなく、あくまでも自分がトップだったらということで考えてみてください。

ぬいぐるみで仏教の教えを実践

捉えている世界はイメージにすぎない

大乗仏教に「唯識（ゆいしき）」という思想があります。人が捉えている世界は、それぞれの人のイメージ、ただの認識にすぎないという考えです。

「唯識」のなかに、四分（しぶん）という考えがあり、次の４つの側面です。

◆見分（けんぶん）……見るもの。見ている自分。主観
◆相分（そうぶん）……見られるもの。自分が見ている対象。客観
◆自証分（じしょうぶん）……相分を見分していることを認識している自分
◆証自証分（しょうじしょうぶん）……自証分を見ている自分

たとえば、自分が景色を眺めているとします。見ている自分が「見分」で、見られ

ている景色が「相分」です。そして、自分が景色を見ていることを認識している自分が「自証分」で、さらにその「自証分」を見ている自分が「証自証分」です。

ぬいぐるみに言わせてみる

ぬいぐるみでもマスコットでもよいので2つ用意して、「自証分」と「証自証分」の役をやってもらいます。

「自証分」のぬいぐるみは自分をモニタリングしています。そして、たとえば「今こう思ったでしょう」などと、実際に声に出して言ってみます。

さらに、「証自証分」のぬいぐるみは、「自証分」をモニタリングしています。「自証分」の発言を受け、「今、『今こう思ったでしょう』と言ったでしょう」と、こちらも実際に声に出して言ってみます。

自分の気持ちや考え、言動をぬいぐるみに言わせるわけです。ひとごとのように2回言ってみることで、客観的に受けとめることができるかもしれません。

もしも理想のあの人がコーチだったら

理想の人物を思い浮かべる

自分にとって理想の誰か、実在する人物でも、映画やテレビドラマ、アニメ、小説などの登場人物、歴史上の人物でもよいので、その人を思い浮かべます。

もしも、その人が自分のコーチだったらと思ってみます。

コーチは一人でなくてもＯＫです。この仕事はこの人、あの仕事はあの人、趣味の活動はあの人と、それぞれ理想の誰かをイメージしてみてください。

それらの人たちは、いろいろなシーンで、あなたにどうアドバイスしてくれそうですか。その人たちの姿を思い浮かべ、あなたに言ってくれそうなことをイメージしてみてください。

声に出して言ってみる

そして、その言葉を、先ほどの「自証分」「証自証分」のぬいぐるみと同じように、実際に声に出して言ってみてください。

コーチング用語に「オートクライン」というのがあります。自分が話をしているとき、その言葉を自分が聞くことによって、考えが明確になるというものです。

文章を読むときも「黙読」と「音読」では、後者のほうがより脳を使い、脳が活性化すると言われています。

ですので、理想の人がコーチとして言いそうなことを紙に書くか、スマートフォンのメモに入力した後、それを実際に言ってみてください。

自分の課題や困っていることに対してこういうアドバイスをしてくれそうだとか、こう言って励ましてくれたら嬉しいと思う言葉を書いておいて、実際に困ったときや励ましてほしいときに、自分で言ってみるといいでしょう。

もしも「私は女優」だったら

ロールプレイングの意味

「私は女優」、男性なら男優、合わせると俳優ですが、いずれも演劇、映画、テレビドラマなどで役を演じる人のことです。

そして、ロールプレイングゲームの「ロールプレイング」は、役割（ロール role）を演じる（プレイング playing）という意味です。企業、組織で、たとえば、お客さん役とスタッフ役になり、対応を練習することを言い、ロールプレイ、ロープレと略したりもします。

そこで、先ほどの「理想の人がコーチとしてアドバイスをする」方法ですが、自分自身が理想の人を演じるという方法もあります。

その人になりきってみる

やり方は、日常のさまざまな場面で、その理想の誰かならどう振る舞うか、その言動をイメージして、その通りにしてみるというものです。多少勇気が要るかもしれませんが、女優（男優、俳優）になったつもりで、その人を演じてみます。

理想の人を演じているうちに、自分のなりたいキャラクター（性格、性質）に近づくことができるというのが効果です。

他人は、その人がどういう人か、その人の言動から判断します。その人の気持ち、考えなどの内面は、外に表われた言動から判断するしかありません。

そのため、自分はただ演じているだけでも、人はそのような人と見なします。俳優でも演じた役の人のように見られることがよくあります。

また、自分自身も外に表わすことで、その言動を意識できます。

何度かやってみてしっくりこなかったら、自分がしっくりくるようにアレンジするか、別の人を演じてみましょう。

面倒なことは「召し使い」に頼もう

「召し使いにまかせておけ」という詩人の言葉

理想的な人を演じた後は、召し使いを演じる方法です。

これは、故・中島らもさん、小説家で、劇団を主宰するなど幅広い活動をされていた方を取材したときに聞いた話です。

中島さんは、レルバルという詩人の「生活、そんなものは召し使いにまかせておけ」という言葉を気に入っていました。

レルバルには、実際には召し使いはいませんが、わずらわしいこと、つらいことは召し使いになったつもりで自分が淡々と片付け、創作活動ややりたいことは本来の自分が楽しくポジティブにやるという話で、中島さんもそうしたいとのことでした。

後日、詩人はレルバルではなく、リラダンという人で、言葉の意味も違うのではないかと思ったのですが、それはそれで、中島さんの話は興味深く、それをアレンジした方法です。

何分でいくらならやるか

部屋の掃除でもゴミ捨てでも、資料集めでもなんでもよいのですが、「面倒だな」と思ったら、召し使いの自分に、「何分でいくらならやるか」と聞きます。召し使いの自分は、それに答え、お金をもらって、その時間働きます。

召し使いは、アラビアンナイトのランプの精のように「お呼びですか」とやってきて、「よろしい、私が片付けて差し上げましょう」と言ってもいいし、無言で淡々とプロフェッショナルにこなしてもよく、キャラクターは自分の好きに決めます。

自分が自分にお金を払うのでプラスマイナス0ですが、「召し使い代」としてストックしておいてもよいでしょう。召し使いになりきって仕事として受けると、案外片付きます。

究極の上から目線

自慢している人よりも上の立場

「上から目線」は、上の立場ではない人が、こちらが下のように、見下した態度をとることを言います。けれども、ここでの「上から目線」は、大局的な目線です。誰かの自慢話も、大局的な「上から目線」で捉えると、たいしたことではなくなってしまいます。

たとえば、誰かがブランド品を見せびらかしているとします。

この見せびらかしている誰かよりも上の立場の人は、このブランドのお得意様でしょう。その人からすると、誰かの自慢は、ちっぽけなものに感じられるでしょう。

さらに、このお得意様がどんなに自慢しても、ブランドの経営陣からすると、「ご愛顧いただきありがとうございます」と思われるだけです。

そして、ブランドの経営陣が自分たちの立場を自慢したとしても、このブランドの創業者からすると、「私が創ったのです」となります。また、創業者の親からすると、「私たちがいなければ、あなたもいない」ということです。

宇宙の謎にまでたどり着く

要は「上には上がある」ということです。この「上」は、ポジティブなことだけでなく、ネガティブなことも含みます。たどっていくと、どんなこともあまりたいしたことではなくなってしまいます。

人類の歴史すら地球の歴史からすると短いですし、地球すら広大な宇宙の中の塵のようなものです。

上に上にと行くと、究極の上から目線は、時空を超え、宇宙の謎のようなところまでたどり着き、自分の存在も含めたいろいろなことが「そこまでたいしたことではない」という心境になっていきます。

どんどん切り離そう

別の自分

自分という存在を、いつもの自分の目線、主観から切り離して、別のさまざまな目線から見ると、別の自分が見えてくるかもしれません。

「ジョハリの窓」で、「開放の窓」「秘密の窓」が、いつも自分が思っている自分ですが、「盲点の窓」「未知の窓」にも気づくかもしれません。

客観的に知る

ジョハリの窓

■開放の窓 自分も人も 知っている自分	**■盲点の窓** 人は知っているが 自分は知らない自分
■秘密の窓 自分は知っているが 人は知らない自分	**■未知の窓** 人も自分も 知らない自分

自衛隊の作戦遂行の戦略として「IDAサイクル」、アメリカ軍の大佐が提唱した意思決定の理論に「OODA（ウーダ）ループ」があります。

これらの「情報」「観察」「状況判断」という部分が極めて大切です。いかに自らのバイアス（思い込み）を外し、客観的に相手（敵）を知り、自分を知り、取り巻く環境を知るか。

まさに「彼を知り己（おのれ）を知れば百戦殆（あや）うからず」（孫子　意味：敵と自分を知れば、百戦も危うくない）ですね。

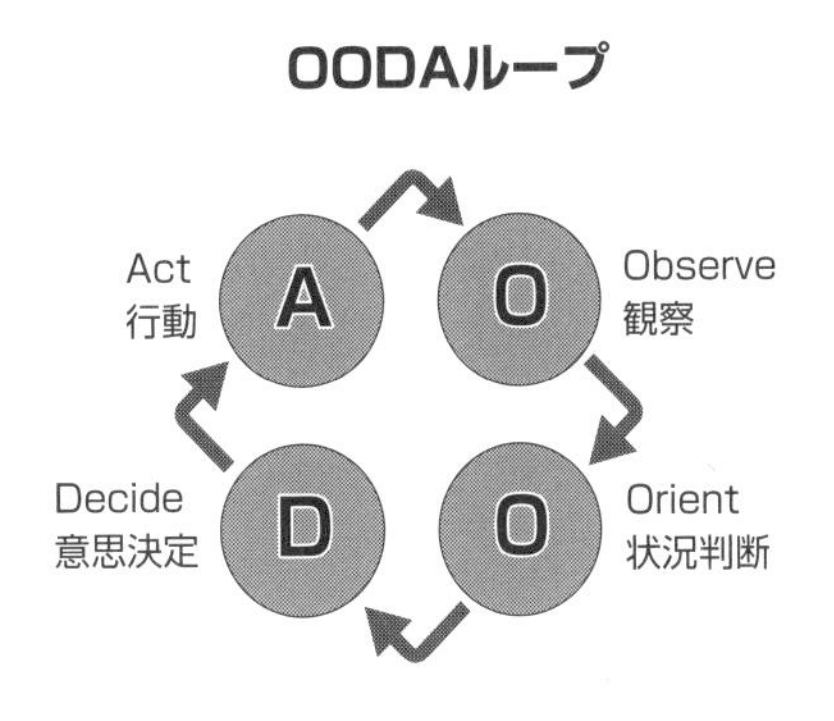

PART 4の内容を再確認して、次のアクションに繋げよう！

＊＊＊＊自分目線から切り離すコツ＊＊＊＊

・空から目線で、俯瞰、鳥瞰してみる
・王様の目線で、その地域のトップだったらどう統治するか考えてみる
・社長の目線で、その会社、組織のトップだったらどう経営するか考えてみる
・仏教の「自証分」「証自証分」という考え方を、ぬいぐるみを使って試してみる
・理想の人がコーチだったら自分にどうアドバイスしてくれるか考え、実際に声に出して言ってみる
・女優、男優のように、理想の人を自分自身が演じてみる
・面倒なことは、召し使いの自分にお金を払って依頼する
・大局的な「上から目線」で物事を捉えてみる

いつもの自分の目線からどんどん切り離してみてください。

PART 5

怒りをマネジメントしよう

怒りと上手に付き合うアンガーマネジメント

ネガティブな感情が再燃

コロナで、大人も子供もストレスを抱え、怒りの感情が増えていることは、各国の調査で明らかになっています。

電通の「新型コロナウイルス日米定点生活者意識調査第13回目」(2021年4月～5月実施)によれば、「生活者の感情は、日本ではネガティブな感情が再燃」しているという結果になっています。

日本は、「悲観的」「ストレスを感じる」「周囲への怒り」の項目で、前回(3月調査)から10ポイント以上ネガティブに移行しています。ちなみにアメリカは、ワクチン接種が進み、経済活動が再開していることなどでポジティブな感情に移行しており、日本とは対照的になっています。

また、国立成育医療研究センターの「コロナ×こどもアンケート」(子供は小学1年生~高校3年生)の結果では、「コロナのことを考えるとイヤだ」42%、「すぐにイライラしてしまう」37%、「さいきん集中できない」32%など、いずれか1つ以上のストレス反応を選択した子供は、子供の回答全体で、76%の結果でした。

同調査では、2020年5月の第1回調査から2021年3月の第5回調査までで、「こどもたちの心身の健康が低下傾向にある可能性」を示唆しています。

怒りは心身を守るための機能

怒りは、身を守るための「防衛感情」と考えられています。

動物としての怒りは、外敵などの命を脅かすものから自分の身を守るために、戦うのか逃げるのかを一瞬で判断して行動するための機能です。

さらに、人間としての怒りは、自分の気持ち、考え、価値観、思い出など大切なものを否定したり、立場、存在を揺るがしたりするものから、自分の心を守る役割を担っています。

Ｐａｒｔ４の冒頭で書いたように、コロナで「安全の欲求」「生理的欲求」が脅かされているため、心身を守るために、怒りが発生するのは当然とも言えます。

怒りのメリット、デメリット

怒りにはメリットもデメリットもあります。

メリットは、怒りをバネに頑張れる、モチベーションになることや、社会の問題、格差や差別、その他の納得がいかない状況を変える原動力になる点です。

一方、デメリットは、心の平安が失われること、疲れること。また、人を傷つけ、人間関係を破壊し、大切な何かを失い、自分も傷ついたりすることです。

そのため、怒りやネガティブな感情と上手に付き合うための心理トレーニング「アンガーマネジメント」を取り入れるとよいでしょう。

理性は感情より遅れて働く

怒りも含めた「感情」は、生存に関する重要な機能で、爬虫類にもある原始的で強いものです。Part4で書いたように、感情は、大脳の扁桃体で生まれます。

扁桃体は、好ましいか、好ましくないかを瞬時に判断します。

「好ましい」もの・ことは、Part1で書いたように「快楽」なので怠け者であってもいち早く手に入れようとし、逆に「好ましくない」もの・ことは「苦痛」なので素早く避けようとします。

相手の言動や何かの出来事を、たとえば「馬鹿にされた」「無視された」「納得がいかない」「理解できない」と解釈すれば、「苦痛」として怒りが生まれます。

扁桃体の評価は、スピード勝負なので、間違っていることもあります。

これをカバーするのが、「理性」です。

理性は、大脳の前頭前野が司っており、感情や行動をコントロールしますが、感情よりも少し遅れて働くと言われています。日本アンガーマネジメント協会では、その時間は、脳科学者の説などから「6秒」としています。

理性が働くまで6秒待ち、冷静に考え、行動する必要があります。

怒りは「べき」が否定されたときに生まれる

普通こうでしょう！

怒りは、自分を否定するものから、心を守るための防衛感情と書きました。

もう少し詳しく言うと、怒りは、自分が信じている「こうあるべき」という価値観や「こうあってほしい」という期待が裏切られたときに生まれます。

怒っている人は、「普通こうでしょう」「当然こうするよね」とか「なんて非常識なの」「え～っ、信じられない」「そういうことあり？　ありえないよね」「あいつおかしいよ」という言い方をよくします。

つまり、自分の「普通」「当然」「常識」「信じていること」「ありえること」「おかしくないこと」が否定されていることに「苦痛」を感じ、怒りが生じているのです。

分かってくれているはず

自分が信じている「こうあるべき」という価値観は、自分にとっては大切なもので、これまで生きてきた環境や人生経験から生まれてきているものです。

そのため、環境が変わったり、新たな経験が加わったりするたびに、更新されていきます。同じ人であっても、そのときの立場や状況によっても変わります。

たとえば、自動車を運転しているときと、歩行者のときでは変わったりします。


また、「こうあってほしい」という期待は、身近な人に対するほど強くなる傾向があります。

身近な人は、自分のことを「分かってくれているはず」「分かっていてほしい」「期待に応えてくれるはず」「期待に応えてほしい」と思うため、そうでなかった場合のギャップが大きくなるのです。

「普通」は一人ひとり違う

冷静に考えると分かるのだが

怒りは、自分の「べき」や「普通」が裏切られると発生すると書きましたが、これまで生きてきた環境や人生経験は一人ひとり違うため、「べき」や「普通」がまったく同じの人はいません。共通している部分もありますが、違う部分もあります。

こちらの「期待」も相手に伝わっていなかったかもしれませんし、もし、伝わっていても相手には期待に応えることができなかったか、応える必要性を感じなかったかもしれません。

そもそもこちらも身近な人から何かを期待されたとして、常にそれに応えているわけではないでしょう。

そんなことは、冷静に考えると分かるのですが、先に感情が、相手の言動や何かの出来事を、自分の気持ち、考え、価値観、思い出など大切なものを否定している、自分の立場、存在を揺るがしている、それは「好ましくない」「苦痛」と判断すれば、自分の心を守るために怒りが生じます。

「違い」を前提に伝え合うようにする

普段から、違いを「個性」「多様性」として、受け入れる環境にいると、自分の「べき」「普通」も相手の「べき」「普通」も尊重しようとしますが、同じであるのが仲間、味方で、違うのはよそ者で敵だという環境にいると、違いをなかなか受け入れられなくなります。

日本は後者で、空気を読むこと、以心伝心を尊重し、言葉で詳しく伝え合うことを嫌う傾向にあります。そのため、誤解や思い込みで、敵ではない相手を敵と見なし、無駄に怒りが発生することにもなります。「違い」を前提とし、伝え合うことで分かり合おうとする発想に変える必要があります。

思い通りになること・ならないこと

思い通りにならないことは「苦痛」

さらに、怒りは、自分の思い通りにならない場合に発生します。

思い通りにならない、イコール「好ましくない」「苦痛」なのです。

誰の人生においても、その人の思い通りになることもあれば、ならないこともあるはずです。けれども、思い通りになっていることは、「普通」「当然」としてスルーしがちで、思い通りにならないことが、「普通ではない」「当然ではない」と、怒りにつながったりします。


思い通りにならない怒りは、「感情」の働き的には、その「苦痛」から逃れるために、誰か、何かに対して戦って思い通りにするか、逃げようとします。

一方で、「理性」によって、人類は飛躍的な進化を遂げています。理性を働かせることで、戦ったり逃げたりするよりもよい方法を見つけることができたりもします。

理性を活用しマネジメントする

『スイッチ!「変われない」を変える方法』(早川書房)という本では、感情を象、理性を象使い、環境を道筋として、「行動を変えるポイントは、①象使いに方向を教え、②象にやる気を与え、③道筋を定めることだ」と言っています。

思い通りにならない怒りも、環境を整え、理性を活用すれば、マネジメントできるでしょう。さらに、プラスの感情に協力してもらうこともできるはずです。

理性を司る前頭前野は、鍛えれば活性化し、鍛えないと衰えます。ルーチン(定型)作業では鍛えられず、普段と違う作業や、会話、とくに対面でお互いの表情を見、雰囲気を感じながらの会話で活性化します。

「事実」「主観」「客観」を分けよう

それって本当?

怒りを感じたら、理性が働くのを待ってから、改めて状況を確認します。「どんどん切り離そう」（P118）で書いたように、「情報」「観察」「状況判断」において、自らのバイアス（思い込み）を外して見ることが必要です。腹が立っている出来事を「事実」「主観」「客観」に分けてみてください。

たとえば、ある会社で、他の部署から異動してきた新任の管理職Nさんは、その部署のグループチャットに挨拶文を書いたのに誰も返信しないことに「本当に失礼なやつらだ。俺をなめている」と、腹を立てていました。

◆事実……グループチャットに、昨日の午前中に挨拶文を書いたが、翌日（今日）の午後現在、誰からも返信がない

◆主観……本当に失礼なやつらだ。俺をなめている（べき：上司がわざわざ挨拶文を送っているのだから、即答すべき）

◆客観……上司の新任の挨拶に対して、どうすればよいのか分からない皆が、自分は返信しなくてもよいだろうと思っている
どう返信したらよいか分からないので、誰かが書くのを待っている

客観は、主観以外の可能性、「ひとごと」だと思えば思いつく、ありそうなことです。予想の範疇（はんちゅう）ですが、「なめている」というのも同様に未確認です。

事実ではないことに対して、「苦痛」を感じ、戦おうとするのは早いです。確認するか、これからの他の言動も合わせて様子を見るようにしたほうがよいでしょう。

私たちは、主観、思い込みで怒っていることが、多々あります。

「事実」であれば「意図」を聞く

どういう意味？

事実を確認し、それが自分の思い込みで、怒る必要がなくなれば、それはそこで終わりです。事実であれば、相手の意図などを聞きます。

たとえば、次のようなことがあり、確認したとします。

- 事実……朝、通勤中に同僚を発見し「おはよう」と言ったのに、返事がなかった
- 主観……聞こえているのに、無視した
- 客観……聞こえていなかった、気づいていなかったのでは

確認したところ、「聞こえていた」ことが分かったとします。
しかし、悪意で「無視した」のではなく、「急に声をかけられ、驚いているうちに行ってしまった」「挨拶を返すのがなんとなく恥ずかしかった」「挨拶は苦手」などかもしれません。

また「べき」「普通」は一人ひとり違うので、自分の解釈と相手の意図が一致していないかもしれません。

たとえば、中学生が友人の誕生日にマスコットをプレゼントしたとします。

◆渡した中学生の考え……せっかくあげたのだから、バッグにつけてほしい。つけている様子がないのでがっかり。もう仲良くしない

◆もらった中学生の考え……大切なプレゼントだから、なくしたり汚したりしないよう、バッグにはつけず、家の机に飾っておこう

誤った解釈で、自分を傷つけた相手を許せないと思い、関係を切ったり、ネットに匿名で相手を陥れる投稿をしたりするケースもあります。ネットは、悪意も拡散されやすいので、加害者、被害者にならないよう気をつける必要があります。

思考のコントロール

3つのゾーン

アンガーマネジメントには、「思考のコントロール」というノウハウがあります。これは、腹が立ったとき、6秒待って、冷静になってから考えるもので、左の図のような三重丸をイメージします。

腹が立っていることは、「3. 許せないゾーン」に入っているはずですが、「2. まあ許せるゾーン」に入れられないかどうか考えます。

自分の人生にとってそれほど大切ではないと思うことは、「そういう人もいる」「そういうこともある」と「2」に入れたほうが、穏やかに過ごせます。

「1. 許せるゾーン」は、自分にとって理想的な「べき」「普通」の状態です。

境界線を一定にして伝える

大切だと思うことは、「2」に入れなくてもいいですが、「2」と「3」の境界線を一定にして、その基準を関係者に伝え、コンセンサス（合意）をとることです。

たとえば、納期など「理想的には、○月○日△時まで。許容範囲は○月○日□時まで。それより遅れる分はNG。来月の扱いに回します」などとします。

そういったルール的ではないもの、身近な人への期待などは、「理想」以外に「せめてこうなら」という「2」に当たる基準を自分のなかに設けたほうがよいでしょう。そして、「期待」が、次で説明する「支配の願望」になっていないか、気をつけましょう。

思考のコントロール（三重丸）

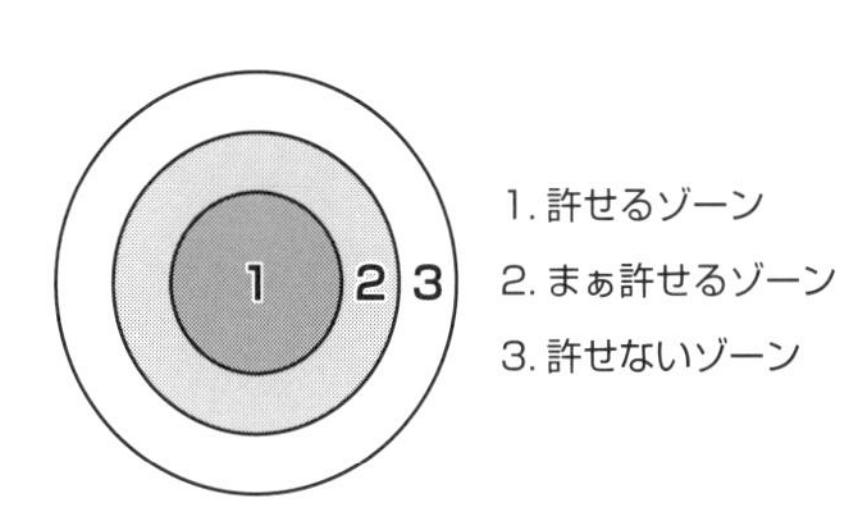

人生「ハードモード」と「イージーモード」

その「期待」は「支配の願望」かも？

身近な人、とくに目下の人（部下、後輩、子供、生徒など）への「期待」は、ときに「支配の願望」であったりします。単なる期待と支配の違いは、叶わなかったときの反応です。単なる期待の場合、残念に思っても、相手を理解、尊重しようとしますが、支配の場合、相手を許さず、あくまでも自分の思い通りにしようとします。

相手を支配しようとしたり、自分と違う個性を「敵」と見なしたりする発想では、人生がしばしば「ハードモード」になります。

ハードモードとは、ゲームでいう難しいバージョンです。

ハードモードの発想

- 人を自分の思い通りに支配したい
- 自分の言うことを聞かないのは間違っている
- 自分がいちいち言わなくても察するべき、気を利かせるべき
- 従うように脅し、従わなければ罰を与えたり、呪いの言葉を言ったりする
（例：将来ろくなことにならない）
- 従えば、褒美を与える

これとは逆が「イージーモード」、すなわち、易しいバージョンの発想です。

イージーモードの発想

- 相手とよい関係を築きたいと思っている
- 相手と自分は人として対等。相手にも選ぶ権利がある
- 相手の個性を理解しよう、受け入れようとする
- 相手と自分は別人なので、伝えないと分からない
- 自分は、結局、何のためにどうしたいのかという、目的を意識する

選択理論の考え方

アンガーマネジメントは、「イージーモード」の発想ですが、精神科医、ウィリアム・グラッサー博士が提唱する「選択理論」と共通しています。

「選択理論」は、「どういう考え方、行動を選択するかはその人しだいであり、人生はその人の選択である。人は自分の行動しかコントロールできない」という考え方です。そして、それと相対する「人を自分の期待通りにコントロールする（できる）」という考え方が、「外的コントロール」です。

前のページの「ハードモードの発想」が「外的コントロール」に、「イージーモードの発想」が「選択理論」に当たります。

たとえば、どこかへの出発時に相手が準備に手間取っているとします。

相手や状況が、自分の思い通りにならないことに対し、次のように怒りをぶつけるのが、「ハードモード」です。

「早くしろよ。昨日から、準備しておくように言っただろう！」

「もう、遅れるだろう！　お前はいつものろいな」
「さっさとしてよ！　こっちはちゃんと間に合うようにしているのに、あなたと一緒だといつも遅くなる」

これに対して、相手の状況を思いやるとともに、自分の要望も伝えるのが、「イージーモード」です。

「大丈夫？　何かやれることがあったら言ってね」
「超特急でお願いします。でも、焦らずに」

そして、後から「今度から、アラームを鳴らすとか、手伝うとか、私ができることがあったら遠慮なく言ってね」などと言ったりします。

「ハードモード」の場合、相手の反発を生んだり、相手の自己肯定感を低くしたり、やる気、主体性を失わせる恐れがあります。

「イージーモード」のほうが、人間関係も良好ですし、心が穏やかです。

怒りを感じたときも
モニタリングが有効

幽体離脱のイメージ

怒りを感じたときも、自分の心や相手をモニタリングすることが有効です。

まずは、幽体離脱、つまり自分の肉体から意識や魂が抜け出したイメージです。

なかなか怒りがおさまらないときなど、目をつぶり、自分を2メートルほど上から俯瞰しているイメージをもちます。そして、「こいつ（自分のこと）何で怒っているのだろう」と観察（モニタリング）します。


相手をいつもと違う設定で見るという方法もあります。

妻に腹が立って仕方がないという男性に、「妻が地球外生命体に乗っ取られていると思って、話をじっくり聞いてみる」方法を勧めたらうまくいきました。

この男性は、そう思うことで腹は立ちながらも余裕が生まれ、笑いをおさえながら妻の話をじっくり聞けたとのことです。妻も、話をじっくり聞いてもらったことに満足した様子で、お互い、売り言葉に買い言葉がなくなったと言います。

単に「じっくり相手の話を聞いて」と言っても、何で自分がそうしてやらないといけないのかと思うのに対して、「地球外生命体に乗っ取られている」という設定で、心理的には、自分が上だと思えて、冷静に相手と自分を観察（モニタリング）することができたのです。

同様に、相手を猫だったら、ロボットだったらと思ってみてもよいでしょう。猫やロボットなら、自分の言うことは聞かないという前提になります。

幽体離脱、地球外生命体、猫、ロボット……。これらの設定は、実は「感情」を「理性」へ、「主観」を「客観」へ変える効果があります。

PART5の内容を再確認して、次のアクションに繋げよう！

＊＊＊＊理性を活用して心をマネジメントするコツ＊＊＊＊

怒りは、自分の「普通」「べき」が否定されたときに生まれる。けれども、「普通」は一人ひとり違う。「違い」を前提に伝え合ったほうがよい。また思い通りにならないことでも怒りは生まれる。

そこで怒りを感じたら、

・「事実」「主観」「客観」を分け
・「事実」であれば「意図」を聞く
・三重丸の３つのゾーンで、思考をコントロールする
・人生「ハードモード」ではなく「イージーモード」の発想のほうが生きやすい
・怒りを感じたときもモニタリングが有効

「理性」と「客観」で、冷静さを取り戻してください。

PART 6

何が起きても自分らしくあろう

「予測できない」シーンでも自分らしくあるために

予測できない時代

現代は「VUCA（ブーカ、ブカ）」の時代と言われています。

この言葉は、1991年にアメリカで軍事用語として生まれ、対処法として「OODAループ」（P119）につながっているのですが、その後、2010年代にビジネスシーンでも使われるようになりました。

- ◆Volatility　変動性……どのくらい（質・量）変わるか予測できない
- ◆Uncertainty　不確実性……急に何が起きるか分からない
- ◆Complexity　複雑性……多くの要因が絡んでいて、複雑

◆ Ambiguity　曖昧性……因果関係が不明、前例が通用しない

つまり予測できないということです。

実際に、多くの人が予測していなかったことが起こっています。2011年の東日本大震災などの自然災害や、今回のコロナもそうです。

とくにコロナは、限られた地域ではなくパンデミック（世界的大流行）であり、世界にさまざまな影響を与え、変化をもたらしています。

グローバル化のあり方が変わる？

コロナで、これまで進んできたグローバル化において、国際分業による効率化はリスクでもあることや、自国優先主義がかえって世界全体のリスクにつながることなども分かったので、グローバル化のあり方が変わるかもしれません。

また、コロナで、社会のＩＴ化が加速しています。リモートワークが急速に進み、オンライン授業、オンラインイベント、オンライン診療なども実施されています。

日本でのインターネットの利用率は年々高まり、現在はほぼ皆が使っている状態です。総務省の「通信利用動向調査」によれば、日本の6歳以上の利用率は2019年で89・8%ですが、20代で99・1%、30〜50代も同様に高く、60〜64歳でも94・2%です。

個人と社会のIT化が進むと、日本の、あるいは世界のどこに住んでいても、できることが増え、地域の壁がさらに薄くなるかもしれません。

消費者が、インターネットで情報収集し、商品を購入、サービスを利用できるため、生産者、企業にとっては、世界中の商品、サービスがライバルとなる一方で、市場も拡大し、チャンスも増えます。

また、翻訳、通訳技術も進んでおり、やがて言語の壁も超えるでしょう。

労働者としての個人にとっても、オンラインでの就業で、この先、世界の人がライバルであるとともに、世界中の企業が雇用先になるかもしれません。

そういった意味でも、グローバル化のあり方が変わるのかもしれません。

読めない時代に翻弄されないために

ＡＩ（人工知能）も進化し続けていますし、この先、何が新たに出てきて、何がなくなるのか、読めない部分もあります。

世界的な課題としては、地球温暖化、森林破壊、環境問題、自然災害、エネルギー問題、貧困、食料問題、人身取引、教育格差、ジェンダーの問題、紛争、その他もあります。

よくも悪くも「読めない時代」に翻弄されないためには、どんな状況においても、まず平常心でいることが大切です。

たとえば、コップに水が半分入っているとして、「もう半分しかない」とネガティブになるのでも、「まだ半分ある」とポジティブになるのでもなく、「ただ半分ある」という状態（事実）を平常心で認識します。

そのうえで、「まだ半分ある」とポジティブに解釈するか、「もう半分しかない」とリスクヘッジ的に解釈するか、意識的に選べる余裕があるとよいと思います。

読めない時代には、自分の目的や姿勢は明確にしながらも、相手（対象）や環境を冷静かつ客観的に観察して、状況を判断し、臨機応変に対応するしかありません。

結局どうありたいのか

幸せのモデル

かつては、よくも悪くも「幸せのモデル」というようなものがありました。

よい学校を出て、よい職場に新卒で入り、男性は、定年まで勤め上げる。年功序列で、年々給与は上がっていく。結婚し、家を買い、車を買い、家電を買う。

女性は、結婚、出産で退職し、家事・育児に専念する。子供の教育に力を入れ、子供がよい学校、よい職場に入るよう育て上げる。子供に手がかからなくなったら、再び働いてもよいし、働かずに趣味の活動を行なってもよい。

夫婦は、退職金で余生を暮らし、孫や子供が休みに遊びに来る。

そのような敷かれたレールの上を走る人生は嫌だというのが、ロックンロールの歌詞になっていました。「安定」は「不自由・不満」につながります。

けれども、そういった幸せのモデルはもはや失われています。「不安定」な世の中になり「自由」と感じるよりも「不安」と感じる人が増えています。

自分で決めて行動するのが確実

結局どうありたいのか、どうしたいのか、自分に関することは、自分で決めて、行動するのが確実です。

「VUCA」の逆は「SCSC」です。「Stability　安定性」「Certainty　確実性」「Simplicity　単純性」「Clarity　明確性」となります。

自分の今後は、自分のコントロール下にあり、今後の世界経済やビジネスの行方、各国の情勢などと比べると、かなりSCSCではないでしょうか？

これと同じ理屈で、ベンチャー企業は、自分たちがビジネスを創ることによって、自分たちの未来も創っているので、経営者もメンバーも、「希望＝将来に対する期待、明るい見通し、可能性」を信じています。

時々立ち止まって考えてみる

「Being」と「Doing」

今後、自分がどうありたいのか、どうしたいのか、考えるにあたって、2つの要素があります。

1．これまでを振り返り、自分らしさ、こだわりポイントを知る

2．目的地を決めてルートを決める

これは1、2の順番でやっても、1を飛ばして2をやっても、1しかやらなくてもよいです。

1は、あり方「Being」で、自分は何が好きか、何を大切にしたいのかという価値基準を確認します。さらに、どういう人だと言われたいのか、存在意義、ミッション（使命）までイメージできるのなら、それもイメージします。

そこから2につながらない場合は、1の基準で行動を積み重ねればよいと思います。

2は、どうしたいのか「Ｄｏｉｎｇ」で、ビジョン（将来像）です。

2は、1を受けて決める場合も、過去と関係なく2のイメージが浮かぶ場合もあると思います。

何で名を残したいのか

両方合わせると、経営学者、ドラッカーの言う「何で名を残したいのか」になるのかもしれません。

これは、ドラッカーが40歳ぐらいのとき、父と一緒に、経済学者シュンペーター（当時66歳）の病床を見舞った際、父がシュンペーターに「何で名を残したいのか？」と聞いたことによります。

シュンペーターは30代のときに言っていたこととは違う、「何人かの優秀な学生を一流の経済学者として育てた教師として名を残したい」と言ったといいます。

このことからドラッカーは「何で名を残したいのか自問すること」「その答えは年と共に変わらなければならない」「他の人を素晴らしい人に変えた人こそ名を残すに値する」と言っています。

時々立ち止まって、自分のあり方、今後どうしていくのかを考えてみるとよいと思います。

シンプルな判断基準

しかし、ときおり「Being」と「Doing」に関して、考えつかないというケースがあります。

過去を振り返ってもピンと来ないし、この先、したいことも思い浮かばない、「何で名を残したいのか」と聞かれてもイメージできないという場合です。

会社、組織の場合、誰かが何らかの目的で設立していますが、人の場合、何らかの目的で自ら生まれてきたわけでもありません。簡単に納得のいく答えは出ないかもしれません。

その際は、何かを選んだり、決めたりしなければいけないときは、シンプルな判断基準として、私が作った下記の「好ましさ計」を使うといいかもしれません。

好ましくない（好ましさマイナス100点）から、好ましさプラス100点まで一直線になっています。

さまざまな事柄にこの基準で点数をつけ、比較します。そして、一番右のものを選びます。

仮に0より右のものがなかったとしても、好ましくない度合いが低いものから順に選ぶとよいでしょう。

好ましさ計

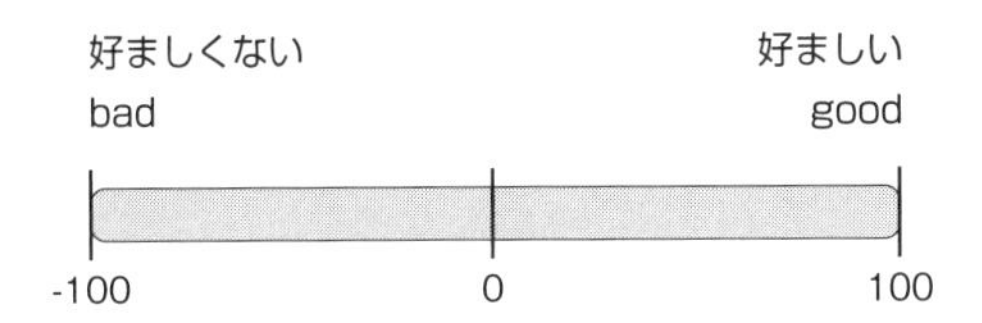

思い込みかも？（認知の歪み）

陥りやすい思考パターンは？

「好ましさ計」で、さまざまな事柄を計って、0より右のもの（プラス）がない、少ない場合、もしかしたら、「認知の歪み」に陥っているかもしれません。

「認知の歪み」は、事実を曲解する思い込み、決めつけです。

人は、事実そのものではなく、その受け取り方「認知」によって、「好ましい」「好ましくない」を判断します。P149のコップの水のようなものです。

次に挙げるのは、デビッド・D・バーンズの「10種類の認知の歪み」ですが、このなかに自分が陥りやすい思考パターンはあるでしょうか？

◆全か無か思考……ものごとを白黒、勝ち負けという「2分法的思考」で捉える。

テストで98点でも「100点でなければ0点と同じ」と考える。実際には、白黒つけられないことも多く、段階がある。

◆過度の一般化……何回か起きたよくないこと、失敗を、「常に」「必ず」「絶対」起きると決めつける。実際には、次も起きるとは限らない。

◆心のフィルター……悪いことにのみスポットを当て、よいことを無視する。実際には、忘れていても、よいことはあったはずだし、これからあるかもしれない。

◆マイナス化思考（プラスの否定）……よいことも悪く解釈する。たとえば、褒められても、皮肉、馬鹿にしていると捉える。実際には、相手は褒めているだけ。

◆拡大解釈（破滅化）と過小評価……自分の失敗や問題を必要以上に拡大解釈する。自分を過小評価し、他人を過大評価する。

◆感情的決め付け……自分の感情でものごとの価値、真偽を決めつける。例「あの人は私をイライラさせる。だから、世の中にとって価値のない人間だ」。感情に根拠はなく、他人はそう思わないかもしれない。

◆結論への飛躍……思い込みで、現実とは異なるネガティブな結論を出す。

a. 心を読みすぎ（読心術）—相手の言動の一部から、相手に確認せず、深読みし決めつける。

b．先読みの誤り――将来を、悪いほうに決めつける。

◆すべき思考……根拠のない「すべき」というルールを自らに課し、できなかったら自己嫌悪に陥る。

◆レッテル貼り……一部分から全体を決めつけ、ネガティブに判断する。

◆個人化……偶然の悪い出来事を、すべて個人の責任にしてしまう。

思い当たるものがあれば、意識して「認知」を修正するようにしてください。

また、これらの「認知の歪み」には、とくに何かよくないことがあったとき、続いたときに陥りがちです。

不安や恐怖、自信のなさ、不信感、嫌悪感などのネガティブな気持ちから来ていて、一人で狭い視野の状態で考えていると、どんどん悪い方向に暴走しがちです。

Ｐａｒｔ４の方法を使ったり、Ｐａｒｔ５「事実」「主観」「客観」（Ｐ１３２）に分けてみたりしてください。

「加点方式」と「減点方式」

プラスの目盛りがない?

「好ましさ計」で、右のものがない場合、「認知の歪み」に加えて、そもそもプラスの目盛りがないことが考えられます。

どういうことかというと、「加点方式」ではなく、「減点方式」が基準になっている場合です。

たとえば、100点満点のテストで、80点だとすると、「80点とれた」とプラス80にするのが、「加点方式」です。これに対して、「20点落とした」とマイナス20にするのが、「減点方式」です。

「減点方式」だと、最高点が0点で、足りない分がどんどんマイナスになっていきます。

リスクヘッジとして、問題を潰していくのにはよいのですが、そうでない場合、厳しい環境となります。

とくに他者からの評価が、「減点方式」の場合、パーフェクト以外は、「足りない」「落ち度がある」「問題がある」と見なされます。

パーフェクトでも、「よく頑張った」という評価ではなく「当たり前」として、褒められないことが多々あります。

親などまわりの人からずっと「減点方式」で評価されてきた場合、満足感や達成感をなかなか感じることができなかったり、自己肯定感が低くなったりします。

人が羨むような職業、立場の人で、子供のとき、親が減点方式だったことで、今に至るまで足りない部分が気になり、ずっと苦しんでいる方もいます。

「目的志向型」と「問題回避型」

怠け者が動くのは、「快楽」が得られそうな場合か、「苦痛」を避けようとする場合と書きましたが（P17）、「減点方式」だと、後者の傾向があるかもしれません。

ＮＬＰという心理学で、人間が行動を起こす際の思考パターンを「目的志向型」と

「問題回避型」に分けています。

◆目的志向型　目的を達成するため、何かを得るために動く
　例：志望校に受かるために勉強する。受かると嬉しい
　　経済力を手に入れるため、やりがいや仲間を得るために働く
◆問題回避型　問題を避けるために動く
　例：志望校に落ちないために勉強する。落ちると大変なことになる
　　路頭に迷わないよう、後ろ指を指されないために働く

「減点方式」は「問題回避型」に、「加点方式」は「目的志向型」につながっているのかもしれません。一人の人のなかにどちらの思考パターンもあり、基本的にはケースによって使い分ければよいと思います。

ただ、親や学校の先生などは、子供に対し、心配心から「これからは大変な時代になる。ちゃんとしないと大変なことになる」と言いやすく、それに影響されると後者につながります。その際は、前者の発想も意識するとよいでしょう。

ポジティブな空想もNG？

ネガティブになりがちだが……

読めない時代、「大変なことにならないように」と思っても、前例は通用せず、新しいことを行なっても、すぐには結果が出なかったりします。

また、結果が出たと思っても、長続きしなかったり、急に何かが起こって覆されたりすると、ネガティブな気持ちになります。

だんだん「大変なだけで、どうせうまくいかない」と感じて、何もやる気にならなくなる恐れがあります。

しかしながら、「認知の歪み」の「過度の一般化」（P157）に陥らず、希望を失わず、かつポジティブな空想もせず、できることをやっていく必要があります。

これは、『ビジョナリー・カンパニー②　飛躍の法則』（日経BP）の本に出てくる、

「ストックデールの逆説」が参考になります。

ストックデールの逆説

ストックデールは、ベトナム戦争で捕虜となったアメリカの軍人です。8年間の捕虜生活では、20回以上の拷問を受け、いつ解放されるか分からない状態でした。けれども、「わたしは結末について確信を失うことはなかった」と、解放されることを信じていました。

その一方で、「クリスマスまでには出られる」「復活祭までには出られる」と考える「楽観主義者」は「失望が重なって死んでいく」ということも言っています。

「確信」しながら「楽観」しないというのは、いっけん矛盾しているようですが、同書では、「どれほどの困難にぶつかっても、最後にはかならず勝つという確信を失ってはならない。そして同時に、それがどんなものであれ、自分がおかれている現実のなかでもっとも厳しい現実を直視しなければならない」「飛躍した企業は、……（略）厳しい現実に真っ向から取り組んでいる。この結果、逆境を通り抜けた後にさらに強くなっている」という教訓になっています。

つまり、単に「どうにかなるだろう」と楽観的に考え、何もしないのではなく、そのとき出来るかぎりのことを行なうということです。

ストックデールは、捕虜の責任者でもあり、「拷問を受けたときにどう対応すべきか、規則をさだめてもいる（拷問に耐え抜くことはだれにもできない。そこで段階的な仕組みを作った。ある時間がたったら、ある部分まではしゃべってもいい。これによって捕虜になった将校は生き抜く目標をもてる）」他の「できるかぎり多数の捕虜が生き残れる状況を作りだ」しています。

WOOPの法則

希望は失わず、ポジティブな空想に逃げず、目標を達成する具体的な方法については、別の本『成功するにはポジティブ思考を捨てなさい　願望を実行計画に変えるWOOPの法則』（講談社）で書かれています。

著者のガブリエル・エッティンゲン氏は、ニューヨーク大学、ハンブルク大学の心理学教授で、研究結果から「過去の経験とかけ離れたポジティブな空想や願い」を夢見るだけでは、実現にはつながらず、かえって「実行に必要なエネルギーをなくしてしまう」と結論づけています。そして、実現するために、次のような手順を提案しています。

- ◆W　Wish　願い……私生活または仕事上での願いか心配ごと（簡単ではないが一定期間のうちに達成できると思うこと）をひとつ考える
- ◆O　Outcome　結果……願いを達成する、心配ごとを解決することから連想される、最善のことを考える
- ◆O　Obstacle　障害……願いをかなえること、心配ごとを解決することを邪魔している、いちばん重大な心のなかの障害を見つける
- ◆P　Plan　計画……「もし障害Xが起きたら（いつ、どこで）、行動Yを起こす」という克服・回避の計画を立てる

ここで重要なのは、「けっして容易ではないが達成可能な願いを選ぶこと」と、「自分の内面にひそむ障害」を挙げることです。

障害として「他人や外部の状況のせいにするのをやめて、自分自身のなかにあって、自分が前進するのを止めているものに全神経を集中」し「言いわけが消えると、夢への道が目の前に開ける」ということです。

なお、WOOPの法則の「P」に当たる部分は、エッティンゲン氏の夫で、ニューヨーク大学の心理学教授、ペーター・M・ゴルヴィッツアー氏の「イフゼン（if-then）計画」を採用しています。

これは、「もしこうなら、こうする」と決めておくもので、「もしこうなら」を内面にひそむ障害、もしくは障害とせず、「いつ、どこで、どのように」という意味で使っています。

たとえば、「毎日、英語を勉強する」というのを、「毎日、夜9時になったら、家で30分間、英語のニュースサイト○○を最初英文で読み、次に日本語訳を読む」というように具体的に決めるというものです。イフゼン計画は、ゴルヴィッツアー氏や他の人の研究でも、成果が出ています。

手は打っておこう

ダメージを受けるケース

ストックデールの逆説でも、WOOPの法則でも、楽観的なことがよくないのは、それで何も手を打っていないと、そうならなかったら、ダメージを受けるという点です。「アリとキリギリス」で、キリギリスが、冬に困るということです。

逆に、「そうなるかもしれない」と思いながらも、「そうなったら嫌だな」と悲観的な気持ちになるだけで、何もしていなければ、そうなると、ダメージを受けます。

つまり、想像できるのなら、手を打っておいたほうがよいということですが、これは「理性的」な判断であり、「感情」が先に「そんな面倒なことしなくていいよ。無駄、無駄」と、叫んだりするのです。

そこで、「まあ、無駄になるかもしれないけれども、念のため、できることをやっておこう」と、行動抵抗性の低いことから始めれば、ドーパミン（P29）が出て、楽しく備えることができるでしょう。

気分が乗らないときは試してみる

端的に言えば、ポジティブになろうが、ネガティブになろうが、「やっといたほうがいいかも」と、思ったことは、やっておくに越したことはないはずです。

けれども、ネガティブなとき、気分が乗らないときには、次のことを試して、動くエネルギーをつくってみてください。

- 気をつけの姿勢でゆっくり呼吸する
  背筋を伸ばし、胸を張り、手を腰に置き、顔を上げる
  1分間に4〜6回呼吸する
- ネガティブなときに「よい質問」をする
  この状態でも「すばらしい点」「不幸中の幸い」をあえて挙げるとしたら何？

この状態がどうなったら、一番いい？
そのために、したほうがいいことは？
そのために、やめたほうがいいことは？
それらを少しでも楽しくやるには、どうすればいい？
◆パワーアイテム（スポット、パーソン等）を使う
何かを決断したときに書いた紙を見て、初心を思い出す
元気が出る本、手紙、メールなどを読み直す
元気が出る音楽をかける、歌う、踊る
元気になれる場所に行く
おいしいものを食べる
ポジティブな人、励ましてくれる人と話す
◆基本的には、生活を整え、健康を保つ（適度な運動、よい食事、早寝早起き、
夜は眠る）
◆今日やることの計画を確認し、それに沿って行動する

それでも今は生きている

歴史の出来事も、当時は「リアル」だった

学生時代、世界史の出来事は、大地震や疫病なども含めて、すべて「過去の出来事」で、「今は起きない」と思っていたかもしれません。

それどころか、今、他国、他地域で起きていること、戦争や紛争、その他に関しても、どこか自分たちとは関係のない出来事のように感じていたかもしれません。

しかしながら、繰り返される歴史もあり、世界はつながっています。

歴史の出来事も、出てくる人たちも、遥か遠い世界のことのような気がしますが、当時は「リアルな出来事」で、自分たちと同じ「リアルな人たち」だったのです。

今、他国、他地域で起こっている出来事、その場所の人たちは、それこそ、「リアルな出来事」「リアルな人たち」です。

150年後は、今、世界中にいる「リアルな人たち」は誰もおらず、今の「リアルな出来事」もすべて「歴史」になっています。

そう思うと、リアルな世界も、究極の上から目線（P116）で、時空を超えた視点で見られそうです。

それでも、今、リアルに生きている私たちは、今を生きるしかありません。

PART6の内容を再確認して、次のアクションに繋げよう！

＊＊＊＊結局どうありたいのか＊＊＊＊

いちばんＳＣＳＣの自分を動かしたほうがよく、考えつかなくても、

・ときどき立ち止まって考えてみる
・思い込みかも？（認知の歪み）と思ったら、修正し、
・「加点方式」と「減点方式」では、できれば「加点方式」を採用しつつ、
・ポジティブな空想だけで、手を打たないよりも、手は打っておこう

おわりに

すぐに動ける目標と動けない目標

目標達成に向けてすぐに動けるときと、いつまでも動けないとき、その違いは何なのか？

これは、主催しているイベントで感じていたことです。

「振り返り&目標シェア会」というイベントを、２０１４年から毎月開催し、２０２１年5月の時点で86回開催しています。参加者がこれまで1カ月の振り返りと、これから1カ月の目標を発表し合うもので、フリーランサー、個人事業主、会社員などのビジネスパーソンが主に参加しています。

ずっとこのイベントをやっていると、目標達成に関して気づくことがあります。

それは、同じ人が複数の目標を発表しているなかで、すぐにクリアできる目標とそうでない目標があるということです。

後者は、本人が大事だと思っているのにずっと着手しないままだったりもします。

一方で、同じ人が、予定よりも前倒しで着手し、終わらせる目標もあります。

この違いに関して、セルフマネジメント、目標管理に関する研究結果等を調べてみました。

これは、私一人ではなく、ツナグバサンカクの共同代表である金子マモルさんが、さまざまな論文や文献などを調べて教えてくれました。

そして、論文を調べることに関しては、Ａｉ国際医療研究所所長の有永洋子さんが、昨年、その方法のセミナーを開催し、その後も毎月主催する英語論文を読む会「ジャーナルクラブ」に参加することで、大変勉強になっています。

お二人にはとても感謝しています。

自分の人生を自分でマネジメントする

人は、基本的には怠け者で「第2領域」（P24）のことをするのも面倒に感じるうえ、ネガティブな気持ちになると、やる気を失い、そうかといって、ポジティブになっても「実行に必要なエネルギーをなくしてしま」（P165）ったりします。

その一方で、何かの活動や仕事にハマることもあります。

セルフマネジメントは、とくに強制力がない案件の場合、「気持ち」「気分」「感情」に左右されると言っても過言ではありません。

そこで、「感情」と、それをコントロールする「理性」、合わせて「心」についても調べ、モチベーション・マネジメント、ゲーミフィケーション、アンガーマネジメントに関しても改めて振り返りました。

この原稿を書いている今、2021年6月、コロナのワクチン接種が海外では進み、日本では医療従事者は終え、高齢者向けに行なわれている段階です。遅かれ早かれ、アフターコロナの時代に移行するはずです。

予測できない時代（P146）に限らず、私たちは、事実をモニタリングしながら、臨機応変に、自分の人生を自分でマネジメントして生きていくしかありません。

どう生きるかについて考える「なりたい自分になるワークショップ　ビジョン塾」というのも2012年からやっています。10何枚かのシートに、どんどん記入していくことで、自分の幸せの指標や理想が分かってくるので、それを活かす今後のビジョンを考え、計画を立てようというものです。

転職、独立、事業拡大を考えている際、結婚、子供が生まれるなど、人生の節目、年齢の節目、新年、新年度などの区切り、迷ったときに参加される方が多いです。


この本が少しでもヒントになり、あなたの人生が、あなたのマネジメントによって、あなたの納得のいくものになりますように。

最後に、この本を出すきっかけとなった、おかのきんやさんに心より感謝申し上げます。

《参考文献》

◆Gillebaart M and Kroese FM (2020) "Don't Mind If I Do": The Role of Behavioral Resistance in Self-Control's Effects on Behavior. Front. Psychol. 11:396.

◆スティーブン・R・コヴィー（1996）『7つの習慣―成功には原則があった！』キングベアー出版

◆Rozental A, Bennett S, Forsström D, Ebert DD, Shafran R, Andersson G and Carlbring P (2018) Targeting Procrastination Using Psychological Treatments: A Systematic Review and Meta-Analysis. Front. Psychol. 9:1588.

◆Tian D, Schroeder J, Häubl G, Risen LJ (2018) Enacting rituals to improve self-control. Journal of Personality and Social Psychology 114(6):851-876

◆Sardi L, Idri A, Fernández-Alemán JL (2017) A systematic review of gamification in e-Health. Journal of Biomedical Informatics Volume 71 31-48

◆M・チクセントミハイ（2010）『フロー体験入門―楽しみと創造の心理学』世界思想社

◆折木良一（2017）『自衛隊元最高幹部が教える 経営学では学べない戦略の本質』KADOKAWA

◆チップ・ハース＆ダン・ハース（2010）『スイッチ！「変われない」を変える方法』早川書房

◆一般社団法人日本アンガーマネジメント協会（2021）『アンガーマネジメント入門講座』（講座資料）

◆渡辺奈都子（2012）『人間関係をしなやかにする たったひとつのルール はじめての選択理論』ディスカヴァー・トゥエンティワン

◆磯部 隆（2010）『よりよく生きるための心理学 9つの心理学と選択理論（静岡学術出版教養ブックス）』静岡学術出版

◆ジム・コリンズ（2001）『ビジョナリー・カンパニー② 飛躍の法則』日経ＢＰ

◆ガブリエル・エッティンゲン（2015）『成功するには ポジティブ思考を捨てなさい 願望を実行計画に変えるＷＯＯＰの法則』講談社

◆Gollwitzer MP (1999) Implementation Intentions.American Psychologist Vol.54. No.7, 493-503

著者：川嵜 昌子　（かわさき・まさこ）
マネジメントコンサルタント。ツナグバサンカク共同代表
一般社団法人日本アンガーマネジメント協会参事
一般社団法人モチベーション·マネジメント協会 モチベーション·マネジャー ADVANCED
長崎市生まれ。東京のベンチャー企業の創業期メンバーとして立ち上げに携わり、自社の急成長、東証一部上場という経験を得た後、独立。5000社以上の経営者に取材およびコンサルティングを行なうなかで、感情のマネジメントが成功の鍵であることを確信。アンガーマネジメント、モチベーション·マネジメント、その他の研修、講演、相談を行なっている。
著書:「アンガーマネジメント管理職の教科書」「アンガーマネジメント経営者の教科書」（総合科学出版）「仕事もプライベートもうまくいく!女性のためのアンガーマネジメント」（産業能率大学出版部）

Webサイト:マネジメントコンサルタント 川嵜昌子のサイト
https://masakokawasaki.com/
怒りと上手に付き合おう～アンガーマネジメントのすすめ
https://angermanage.info/

自分をサクサク動かすセルフマネジメント

2021年10月20日　第1版 第1刷発行

著者	川嵜 昌子
カバー・デザイン	太田 公士
印刷	株式会社 文昇堂
製本	根本製本株式会社

発行人　西村貢一
発行所　株式会社 総合科学出版
〒101-0052　東京都千代田区神田小川町 3-2 栄光ビル
TEL　03-3291-6805（代）
URL：http://www.sogokagaku-pub.com/

Printed in Japan　ISBN978-4-88181-882-4

アンガーマネジメント 管理職の教科書

川嵜昌子 / 著
ISBN978-4-88181-865-7
定価：本体 1400 円＋税

男女の違い、上司・部下といった立場の違いから生まれる怒りはさまざま。アンガーマネジメントで自分と相手の「怒りの感情」をコントロールして、よりよい人間関係を構築し、仕事の生産性を向上させよう！

アンガーマネジメント 経営者の教科書

川嵜昌子 / 著
ISBN978-4-88181-871-8
定価：本体 1500 円＋税

うまくいっている経営者は「うまくいく考え方・あり方」をしている！
何かよくないこと、問題が起きたときに、環境や人のせいにしない……
このノウハウはアンガーマネジメントから得ることができる!!